少年爱哲学

柔与刚的较量

刘帆 ◎ 著

济南出版社

图书在版编目（CIP）数据

少年爱哲学 . 柔与刚的较量 / 刘帆著 . -- 济南：济南出版社，2025.7. -- ISBN 978-7-5488-7466-9

Ⅰ . B2-49

中国国家版本馆 CIP 数据核字第 2025MY1905 号

少年爱哲学：柔与刚的较量
SHAONIAN AI ZHEXUE：ROU YU GANG DE JIAOLIANG

刘帆　著

出 版 人	谢金岭
特约编辑	郑　妍
责任编辑	李圣红　苗静娴
绘　　图	张攀峰
封面设计	八　牛

出版发行	济南出版社
地　　址	山东省济南市二环南路 1 号（250002）
总 编 室	0531-86131715
印　　刷	济南鲁艺彩印有限公司
版　　次	2025 年 7 月第 1 版
印　　次	2025 年 7 月第 1 次印刷
开　　本	148 mm×210 mm　32 开
印　　张	6.75
字　　数	99 千字
书　　号	ISBN 978-7-5488-7466-9
定　　价	39.00 元

如有印装质量问题　请与出版社出版部联系调换
电话：0531-86131736

版权所有　盗版必究

总序

  小时候,我们可能都问过这样的问题:天空为什么是蓝色的?雨后为什么有彩虹?鸟儿为什么在天上飞?鱼儿为什么在水中游?……随着一天天长大,我们渐渐了解到,这些问题都可以在科学中找到正确的答案。那么,我们要怎样生活?怎样与人相处?人生的价值是什么?社会的功用又是什么?……这些问题我们应该在哪里找到答案?

  如果这是一场开卷考试,我们可以抱着"哲学"这本大书看到各种不同的解答:孔子说,我们应该每日反省自己是否安守本分,要不断提升自己,做道德君子,要爱人如己;老子说,我们可以学习自然法则,顺势而为,以达到人生的和谐;墨子说,平时修炼十八般武艺,最终靠大爱实现天下和平才是终极目标;韩非子说,秩序就是美,赏罚分明、人人遵守规则的社会才是最理想的……前人的智慧不会直接告诉我们所有问题的答案,但会带给我们更进一步的思考。

  哲学,就像是一块跳板,你在这里停下来,好好思考一下，明确下一步的方向，找到最适合自己的路，接下来就会跳得更远、跳得更高。这就是哲学的意义。

世界哲学史上有一个非常有趣的现象，一群高智商的中外哲学家突然在同一个时间段扎堆出现了，就像一场造山运动，突然隆起一座座巍峨的高山。如果说古老人类文明的发展就像是一个人的成长，那么这个成长的第一个高峰就是公元前800年至公元前200年之间的"轴心时代"（德国哲学家卡尔·雅斯贝尔斯提出的哲学发展理论），这是柏拉图与亚里士多德师徒"相爱相杀"的西方哲学全盛时期，也是诸子百家争鸣的中国哲学黄金时代。

要想了解中华民族传统价值观的起点和根源，了解人生与社会的种种有趣又难解的课题，我们可以从这里开始，从中国早先的哲人们说起，他们的思想最古老、最传统，但一直延续至今仍不过时……

引言

"柔与刚"是哲学中极具代表性的二元对立,也是中国古老道家哲学的核心概念。道家思想源自《道德经》与《庄子》这两部经典,其中蕴含的哲学思想被誉为中国传统思想的根基。它以"道"作为宇宙的根本法则,提倡"无为而治"的政治智慧,阐说"柔弱胜刚强"的辩证观点,推崇自然与人类生活的和谐统一,主张"返璞归真"和"虚静无为"的理想境界。在老庄思想的启迪下,中国哲学呈现出一种与儒家思维不同的路径——强调"无为"的智慧与"自然"的力量,倡导人与自然、人与社会、人与自我之间的和谐关系。

儒家与道家哲学同源互补,共同构成了中华民族的文化性格。而在道家哲学的源头,老子和庄子无疑是最为重要的两位思想巨匠,他们的思想不仅深刻地塑造了中国古代哲学的面貌,也对后代的文化、政治、艺术乃至生活方式产生了深远影响。在文化方面,道家喜欢自然、宁静、简朴的美,这种审美也影响了很多古诗、山水画和中国古代园林的风格。在政治上,道家强调的"无为而治"曾成为历代统治者借以安抚民心、维护稳定的思想资源。在日常生活中,道家主张清静、节制、顺应自然,他们讲究养生、修身,不追求太多物质享受。这些观念也融入到中医、气功、饮食文化与身心调养中,成为中国传统文化很重要的一部分。可以说,老子和庄子的道,不光是哲学书上讲的理论,更是一种生活态度、一种体现东方智慧的世界观。

在这片思想的沃土中,我们将与老子、庄子等思想巨匠一起,在"道"的引领下,探索宇宙的奥秘,思考人生的意义,感悟生命的智慧。希望本书能够为你提供一盏思想的明灯,指引你开启更加宁静、和谐与深刻的思考。

让我们一起走进哲学的世界,在"柔与刚"的较量中,发现生活的智慧与真谛吧!

总序

引言

第一讲

老子是谁？ / 002

孔子问礼 / 007

老子出关 / 010

道家与道教 / 013

| 第二讲 |

五千字的人生智慧：《道德经》

什么是道和德？ / 024
柔弱的美德 / 030
《道德经》的治国论 / 045
老子的"理想国" / 058

| 第三讲 |

古老的"相对论"——老子的辩证思想

美与丑的相对论 / 070
刚与柔的辩证法 / 075

| 第四讲 |

庄子——用生命践行信念的人

自由的庄周 / 088
豁达的庄周 / 091

| 第五讲 |

奇幻故事书《庄子》

鲲鹏展翅 / 102
尧让天下 / 110
无用之用 / 113

| 第六讲 |

蝴蝶的变身：庄子的《齐物论》

"齐物"+"齐论"="齐物论" / 126
"吾丧我" / 127
"以明" / 130
"葆光" / 142

| 第七讲 |

庄子的朋友圈

神人 / 159　　　　　　凡人 / 164
名人 / 160　　　　　　"拟人" / 171

| 第八讲 |

道家学派和影响

道家学派传人 / 180
　　列子 / 180
　　文子 / 185
　　杨朱 / 187
道家与养生的联系 / 190
道家对中国历史的影响 / 194
道家对中国文学的影响 / 197

| 结语 |　204

| 参考文献 |　206

第一讲

老子有多老?

老子是谁?

说到老子,你是不是马上想到一个像太上老君一样的老人?——高高的额头充满智慧,长长的白胡子飘在胸前,浑身散发着与世无争、遗世独立的潇洒?对了,还要骑着一头青牛,慢慢悠悠地绝尘而去!

是的,这就是几千年来我们中国人脑海中老子的形象。想到老子,空中飘过的都是这些词——无为、低调、宁静、祥和……总之,跟我们现代社会强调的拼

搏、奋斗、竞争……完全不沾边。但为什么就是这么一位总是要避开这个纷繁复杂世界的人,他的思想对中国社会的影响却持续了几千年,到现在还指导着人们的生活呢?

老子到底是谁?他到底有多老?来,我们先看看下面的故事,猜猜他活了多大年纪。

老子是谁?——这个问题透着一股玄机。

关于老子的生平有很多传说,《史记·老子韩非列传》认为老子的身份有三种可能性,分别是李耳、老莱子和太史儋。现在看来,最靠谱的是第一种可能性。也就是说,老子姓李,名耳。

可是,为什么有人说老莱子是老子呢?原因很简单:一、老莱子也是楚国人;二、老莱子著书十五篇,篇篇讲的都是道家思想的应用,而且,他也跟孔子生活在同一时代。[1]这也太巧了,对吗?

第三种可能性好像也挺有道理。据史书记载,周王室的太史儋在朝见秦献公的时候准确预言了五六百年后的历史,他说:"开始的时候,秦国与周朝是合为一体的,合了五百年以后就会分离,分离七十年之后就会有称霸称王的人出现。"于是，有人说这位太史儋就是老子，有人则说他不是老子，到现在都没有人知道这到底是真的还是假的。②

老子到底是谁？谁才是历史上真正的老子？

"老子者，楚苦县厉乡曲仁里人也，姓李氏，名耳，字聃，周守藏室之史也。"这是《史记·老子韩非列传》中关于老子的记载，也就是说，老子并不是姓老名子，而是姓李名耳。他是春秋时代楚国苦县人，也就是现在的河南省鹿邑县太清宫镇人。"守藏室"相当于

今天的国家档案馆、图书馆，而老子当时就负责管理国家的文史资料和档案资料，相当于现在的国家档案馆馆长或国家图书馆馆长。这就不难解释为什么人们提及老子时都把"智慧"作为他的独特标签了！

要知道在老子生活的春秋时代，书写材料以竹简和木牍为主，书籍尚不普及，藏书主要集中于贵族和官府，受教育的机会为贵族、士人和官吏所垄断，普通百姓基本没有受教育的机会。身为图书馆馆长，他终日接触珍贵的历史典籍，饱读诗书、揣摩钻研之余，还与各界饱学之士交流畅谈，这为他创建道家思想理论体系提供了得天独厚的条件。

可见，一个人所处的环境、所做的工作跟他一生的成就有莫大的关系。只有博览群书，才能胸怀天下。自古至今皆是如此。

有趣的小知识

　　和老子一样，受益于图书馆工作经历的名人还有很多。大家最耳熟能详的就是毛主席了吧？据北京大学图书馆资料记载："毛泽东（1893—1976），字润之，湖南湘潭人。1918年7月毕业于湖南第一师范。同年秋到北京，在北京大学图书馆任职，并在北京大学旁听。在当时北京大学图书馆主任李大钊的影响与引导下，走上了马克思主义道路。"原来毛主席也曾经做过"北漂"啊！而且这位伟大的"北漂"不但跟老子一样博览群书，还勇于实践和创新，用中国传统文化中流传千百年的智慧，打下了红色江山。

　　还有一位在美国图书馆工作过的名人是胡适。胡适是中国现代著名的思想家、文学家和哲学家。他早年留美，毕业于康奈尔大学，1917年回国后任北京大学教授，发起并参与了著名的白话文运动，后来还当过四年的驻美大使和两年的北京大学校长。这位著名学者在美国时曾任普林斯顿大学东亚图书馆馆长，离任后还做了十年的荣誉馆长。

孔子问礼

根据《史记》的记载，老子一生中有三件值得纪念的大事：一是孔子问礼于老子，二是辞官归隐，三是在函谷关著前无古人、后无来者的五千字《道德经》。

我们先来看看老子和孔子这两位古圣先贤那次伟大的会面。

如果有人问，谁是中国文化当之无愧的代表人物，恐怕有百分之九十九的人都会说是孔子。孔子是儒家学派的代表人物，这样一代宗师般的人物，还要向老子问礼，岂不是说老子更有学问吗？那么，孔子问礼于老子时，老子是怎么回答的呢？

老子说，真正有修养、有学问的君子，或者真正的大富大贵之人，往往都很低调，甚至看起来有些愚钝，但这些人有个共同的特点，那就是能够时时刻刻认清形势，并且根据形势灵活调整自己的处事态度——有机会就御风而行，不得志时则随风飘扬。而孔子你呢，你是个有志青年，但用力过猛啊！依我看，你不如先下功夫

自省一下,看看能不能把身上的骄气给去除,再努力压制一下内心升腾的那股过于迅猛的欲望——这些不切实际、华而不实的东西,对你的健康和未来的发展可是一点好处都没有啊!我没什么别的建议,能对你说的也只有这些啦![3]

如果你是孔子,你会怎么想呢?你会不会觉得被轻视、被羞辱了?

老子这几句话虽然语气非常平淡、温和,但对孔子的批评却十分严厉、深刻,可谓一针见血。我们常说真正的儒家精神是入世,也就是要踏实做人、努力做事。

可是在老子看来，只有尊重事物发展的自然规律，尊重事物本来应该有的样子，人、事、物，乃至天地间的一切才有存在的价值。也就是说，顺其自然就行，不要那么努力，甚至根本不用努力。

如果你是孔子，你听得进去吗？当然不可能！所以，孔子出来后就跟自己的弟子们说："世上的动物，像鸟啊、鱼啊、野兽啊，我都知道它们是什么并且知道如何驾驭。但老子是条龙啊！这种动物，我连了解都做不到啊！据说它能够乘着风、驾着云飞上青天。我现在所看到的老子，他大概像一条龙吧！"④

后人总觉得孔子问礼于老子说明老子比孔子懂得多，学问好；孔子问礼于老子是出于对老子的尊敬。但孔子这个反应是不是有点"道不同，不相为谋"的感觉呢？后世的发展也证明了这一点：凡是学习老子的学问的，都会贬低儒家的思想学说；而学习儒家学问的人，也会贬黜老子的学说。二人的学问没有高下之分，但"走的路不同，就不要在一起谋划事情"呀！

1. 老子对孔子说了许多批评意见，比如"去子之骄气与多欲"。如果你是孔子，听到别人这样说你，会有什么反应？

2. 老子认为最有本事的人，往往看起来很普通，甚至有点傻。你身边有没有这样的人？你怎么看待他们？

3. 孔子和老子虽然都很有智慧，但他们的思想很不一样。你有没有遇到过朋友、同学跟你观点完全相反的时候？你们还能做好朋友吗？

老子出关

老子终其一生，关注的只是"道德"二字，功名对他来说，是避之不及的。他虽然长期居住在京城，管理着周朝的藏书室，而且当时已经是一个很有名的学者了，但看到周朝日渐衰落，他毅然决然辞官归隐了。他不是被迫辞官，或是得不到朝廷重用而失望离去，更不

第一讲 | 老子有多老？

是消极逃避，而是看出周朝命数已到、大势已去后作出了一种理性选择，即遵循天道，不悖天理。我们套句流行的说法："识时务者为俊杰。"老子到底是老子啊！

于是，老子就离开了京城，途中经过一个地方，叫函谷关。传说当时的函谷关关令尹喜一日登高望远，观察天象，忽见紫气东来，云霞漫天，奇丽壮观。尹喜知道紫气升腾即祥瑞之兆，预示将有真人过关，果然，他看到一位须发皆白、气度不凡的老者骑着一头青牛，徐徐而来。得知这位老人就是辞官归隐的老子，尹喜大喜

紫气东来，必有真人过关！

过望，除了盛情邀请老子多逗留一段时日外，还请求老子把毕生所学写成一部书，留于后人。老子盛情难却，于是写下了五千字的《道德经》，然后离开函谷关，一路向西，绝尘而去。⑤

老子离开函谷关后去了哪里呢？一种说法是老子死于甘肃。《庄子》中有"老聃死，秦失悼之"的记载，这是老子死于秦国的证据。而根据《史记》记载，老子大概活了一百六十多岁，也有人说他活了两百多岁，这就是他修炼"道"与"德"、善于养身的结果。⑥

还有一种比较玄的说法是"老子化胡"，就是说老子并没有死在秦地，而是去了西域，用自己的学说对胡人进行教化。他老人家还不是自己去的，《老子化胡经》中说，老子携尹喜西入天竺，化为佛陀，创立了佛教。——感觉老子瞬间化身武林宗主了！是不是有种看金庸小说的感觉？

读到这里，你是不是觉得老子这个人本身就很"玄"呢？他的真实身份我们永远搞不清楚，只能选其中一种说法来相信；籍贯也不详，后人争着抢着说自己住的地方就是老子的出生地；但最终，我们连老子是怎

第一讲 | 老子有多老？

么死的、死没死都不知道……一切都充满了玄机！唯一可以确定的是，他的思想在历史的长河中，一直闪烁着智慧的光芒，至今还指导、启发着生活在纷繁复杂现代社会中的我们。

想一想

1. 老子在京城有一份稳定又受人尊敬的工作，但他却主动辞职归隐，只因为觉得"时机不对"。你觉得他这么做聪明吗？如果你是他，会选择留下来还是离开？为什么？

2. 你有没有过放弃一个"看起来很不错的机会"的时候？在学习、交朋友、比赛中，如果没有达到预期的效果，你是会"该退让就退让"，还是会选择坚持到底？

道家与道教

有的同学可能要问了：一会儿神一会儿人的，老子到底是神还是人啊？老子的外形听起来怎么那么像《西游记》里的太上老君呢？老子和太上老君是双胞胎吗？道家和道教是一样的吧？

好问题！

道家和道教虽然名字很像，但其实不是一回事。道家是中国古代以老子和庄子为代表人物的一种哲学流派，讲的是做人做事的道理，不拜神，也没有宗教仪式。而道教是一种宗教，大约在东汉时期开始形成。它确实以道家思想为基础，但又吸收了本土的民间信仰、炼丹术、祈福仪式，以追求长生不老为目标，慢慢发展出了完整的神仙体系、宗教制度和修炼方法。在道教信仰中有神仙，比如太上老君、玉皇大帝、八仙等。其中，太上老君就是由老子神化而来的，他不仅被道教门徒尊为教门始祖，还被冠以"太上混元老君、梵形神宝玄真降生道德天尊"的名号，通称"太上老君"，简称"老君"。

到了汉代，老子更是被神化为先天下之神物，先有老子，后有天地，也就是说，老子是化生天地的神物。东晋葛洪的《神仙传》中甚至还说老子是其母怀孕七十二年所生，生下来就满头白发，所以才叫老子。还

第一讲 | 老子有多老？

有人说老子的母亲在李树下生了他，他刚生下来就能说话，指着李树说自己姓李。

但从这些故事或传说中，我们是不是可以得出这样的结论：老子是人，也是神。他的形象是清晰的，也是模糊的。要想真正了解他，了解道家思想，只能从他五千字的《道德经》中来寻求。

老子这么伟大的人物，只写了五千字的著作吗？

是的。这五千字，不但表达了老子对世界万物的看法，而且论述了修身、治国、用兵、养生之道，强调了自然无为的思想，被尊为"万经之王"，是"内圣外王"的必学之书。

下面,就让我们来一探《道德经》这本传统经典著作的精华所在吧!

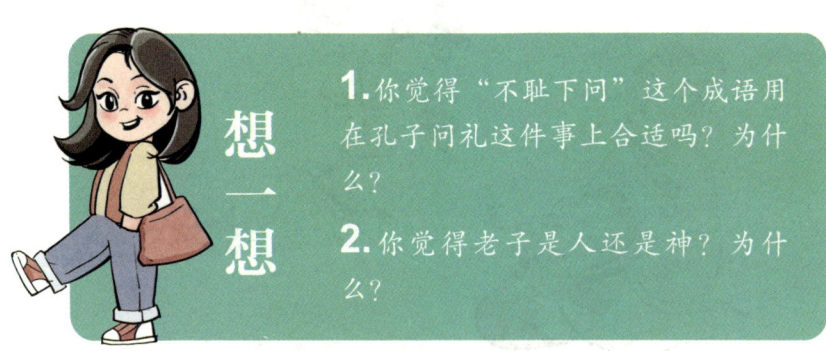

想一想

1. 你觉得"不耻下问"这个成语用在孔子问礼这件事上合适吗?为什么?

2. 你觉得老子是人还是神?为什么?

有趣的小知识

爱因斯坦和《道德经》

有人说，世界上最难的两本书，一本是爱因斯坦的《相对论》，另一本就是老子的《道德经》。据说，爱因斯坦的书架上书不多，但有一本《道德经》德文译本。这是美籍华裔数学大师陈省身在美国爱因斯坦家中做客时亲眼所见。陈省身还总结说："西方有思想的科学家，大多喜欢老庄哲学，崇尚道法自然。"

下面这段话没有经过考证，但十分有趣。

爱因斯坦曾这样解释相对论："坐在一个烧红的火炉边，一分钟就像一小时；而坐在一个漂亮姑娘身边，一小时就像一分钟。这就是相对论！"——这样的解释，也太通俗易懂了吧！

注 释

① 或曰：老莱子亦楚人也，著书十五篇，言道家之用，与孔子同时云。（《史记·老子韩非列传》）

② 而史记周太史儋见秦献公曰："始秦与周合，合五百岁而离，离七十岁而霸王者出焉。"或曰儋即老子，或曰非也，世莫知其然否。老子，隐君子也。（《史记·老子韩非列传》）

③ 老子曰：子所言者，其人与骨皆已朽矣，独其言在耳。且君子得其时则驾，不得其时则蓬累而行。吾闻之，良贾深藏若虚，君子盛德容貌若愚。去子之骄气与多欲，态色与淫志，是皆无益于子之身。吾所以告子，若是而已。"（《史记·老子韩非列传》）

④ 孔子去，谓弟子曰："鸟，吾知其能飞；鱼，吾知其能游；兽，吾知其能走。走者可以为罔，游者可以为纶，飞者可以为矰。至于龙，吾不能知其乘风云而上天。吾今日见老子，其犹龙邪！"（《史记·老子韩非列传》）

⑤ 老子修道德，其学以自隐无名为务。居周久之，见周之衰，乃遂去。至关，关令尹喜曰："子将隐矣，强为我著书。"于是老子乃著书上下篇，言道德之意五千余言而去，莫知其所终。（《史记·老子韩非列传》）

⑥ 盖老子百有六十余岁，或言二百余岁，以其修道而养寿也。（《史记·老子韩非列传》）

| 第二讲 |

五千字的人生智慧：
《道德经》

上一讲我们谈到老子的唯一一部作品——五千字的《道德经》。这部作品不但在中国，在世界上的地位也极高，被称为"万经之王"，颇有"倚天一出，谁与争锋"的武林霸主风范。我们先来看看历史上、全世界为其点赞的名人有多少。

先看中国的。

汉代史学家司马迁和他同为著名史学家的父亲司马谈都认为，道家思想使人精神专一。读《道德经》，可以使人明白道家"无为而无不为"的威力，这种力量不受时空、人、事、物的限制，简单明了易操作，做事有事半功倍的效果。①

唐太宗与唐玄宗也对《道德经》赞誉有加。唐太宗崇尚无为而治的理念，常引《道德经》为治国参考。（《旧唐书》与《资治通鉴》中均有记载）

唐玄宗则是第一个为《道德经》作批注的皇帝，他系统性地弘扬道教，将《道德经》奉为治国、修身宝典，说它不但可以用来治理国家，还可以用来修身，达到少私寡欲、虚心实腹的目的。

人民领袖毛泽东则直接说："《道德经》是一部兵

书。"(《毛泽东年谱(1949—1976)》第五卷)

……

国内朋友圈赞声一片,那国际朋友圈呢?

俄国最伟大的作家之一列夫·托尔斯泰1894年亲自翻译《道德经》,称老子的思想"伟大而朴素",他在日记中写道:"老子教导的'柔弱胜刚强'与基督教的非抵抗主义完全一致。"(《托尔斯泰全集》第39卷)

托尔斯泰这一理念也深深影响了印度独立运动领袖甘地。1908年,托尔斯泰致信甘地(《致一个印度人的信》),强调"以爱对抗暴力"。甘地称,这封信"改变了我的生活"。

美国前总统奥巴马在《希望的勇气》演讲中引用"治大国,若烹小鲜"(《道德经》第六十章),强调治理国家需谨慎平衡。

《史蒂夫·乔布斯传》的作者艾萨克森称,乔布斯深受《道德经》"简约"思想的影响,这种影响体现在了苹果产品设计中。(《史蒂夫·乔布斯传》第35章)

作为中国传统文化的代表作之一,《道德经》西译本多达643种,仅英译本就有206种,是除《圣经》

外被译成外文最多的世界文化名著，在世界上影响之广、对人们的精神世界影响之深远，是今天的我们难以想象的！

那《道德经》到底是本什么样的宝典呢？

其实，《道德经》原来的名字就是《老子》——极简风格啊！书名：《老子》。作者：老子。其实，春秋战国前后大多数名人名著都是这类风格——庄子的著作也是《庄子》啊！可是，《老子》后来为什么变成《道德经》了呢？

这要从这本书的结构和内容说起。《老子》一共有五千一百二十六字，分为八十一章。第一章到第三十七章叫《道经》，第三十八章到第八十一章叫《德经》，合在一起，可不就是《道德经》吗？

那这本书跟道德品质有关系吗？是在讲如何提高道德修养吗？

并不是。《道经》主要是阐述道是什么、道的本质和意义这些抽象的东西，谈的是老子的宇宙观。也就是说，老子在苦苦思索之后想告诉我们，我们生活的这个世界、这个宇宙到底是什么样子，环抱在我们

第二讲 | 五千字的人生智慧：《道德经》

周围的这团气到底是什么，人在茫茫宇宙中到底处于什么位置。而《德经》谈的是人和万物的本性，讲的是道在治理国家和现实生活中的实际运用，比《道经》具体多了，实用性也比较强。所以，《道德经》其实是一部哲学著作，而且是一部惊世骇俗的哲学著作。读了《道德经》，你会惊诧于几千年前老子超群的智慧，更令人叹服的是，这些智慧时至今日仍然在指导着我们的生活。

有同学可能要问了：五千多字的著作分成八十一章，那每一章都很短吧？对！《道德经》平均每章65.3个字。最短的第四十章只有20个字，最长的第三十九章也只有134个字，可谓短小精悍、一字千金！

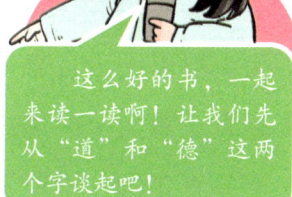

这么好的书，一起来读一读啊！让我们先从"道"和"德"这两个字谈起吧！

什么是道和德？

我们从《道德经》第一章"论常道"开始。老子是怎么给"道"下定义的呢？他说：

道可道，非常道；名可名，非常名。

这个解释很有意思，基本上等于没解释。老子认为，可以用语言来描述的道，就不是永恒不变的道，不是真正意义上的道；而可以被定义、被命名的名，也就不是真正的、永恒不变的名。结论就是：道是一种只可意会、不可言传的东西。比方说，你问李白写诗的灵感是从哪儿来的，他说他也不知道，或许是从酒里来的。但你信吗？所以道就跟灵感啊、智慧啊这些东西一样，是无法用言语表达的。

但老子还是努力表达给我们听了，要不然，他的智慧别人领悟不到，这五千字岂不是浪费了吗？

他说，道是这么一种东西：

> 有物混成，先天地生。寂兮寥兮，独立不改，周行而不殆，可以为天下母。吾不知其名，强字之曰"道"，强为之名曰"大"。大曰逝，逝曰远，远曰反。故道大，天大，地大，人亦大。域中有四大，而人居其一焉。（第二十五章）

有一种物质浑然天成，先于天地而生，寂静无形。它独立存在而永恒不变，且周而复始，取之不尽，用之不竭。我们姑且把它看成天下万物的本源。我不知道它叫什么名字，就给它起了个名字叫"道"，或者叫"大"。它是过去，也是未来，遥不可及且无比深远，一眼看不到尽头。这样的东西，难道不是很伟大吗？对，道是伟大的，除了道之外，天也是伟大的，地也是伟大的，人也是伟大的。所以宇宙中有四个伟大，而人也算其中的一大。

接着，老子还给这"四大"排了个序：人法地，地法天，天法道，道法自然——天地比人伟大，这个不言而喻。但道是天地万物中的老大，因为道就是大自然。

原来，老子最崇尚的是大自然，准确地说，是大自然的规律和法则。大自然主宰一切，顺之者昌，逆之者亡。

那我们常说的"无为而无不为"是怎么回事？难道就是顺应自然法则吗？

是的。老子说，道的常识就是无为的境界造就无所不为的功绩。统治者如果能遵守自然规律，万物将自然归化。[②]可是，人都是有欲望的呀！如果欲望发作起来怎么办？老子的建议是，可以用道来去除杂念，这样欲望就能被克服，没有欲望就会静下心来，天下也自然就安定下来了。

道的力量有这么强大吗？太玄了吧？

对，就是这么玄，就是这么强大！"道"的力量，还是一种极为低调的强大。

老子说，道的力量强大到可以左右万物，但非常低调。它滋生万物却丝毫不图虚名，荫庇万物却从没想过要主宰万物。常用无欲的方法来得到智慧。万物归顺后还不思主宰，获得的才是真正的成功。[3]

《道德经》第三十四章中说，"以其终不自为大，故能成其大"。这句话可看作老子对"道"的终极论断。他认为"不自以为大"是"道"的基本品格，它的力量来自不居功、不逞能、不标榜自己。它虽然是万物的根源，却始终不自以为伟大，正因如此，它才获得了真正的尊崇与影响力。这不就是人们所说的无私、伟大吗？一旦领悟到这样的"道"，就会达到更高层次的人生境界，更深刻地领悟到人生真谛，那时人们眼中的世界又会是什么样的景象呢？

老子在《道德经》第三十五章中说：

> 执大象，天下往。

这里的大象指的是符合大道和自然之象的地方，跟大象这种动物一点关系都没有哦。这六个字的意思是：拥有符合大道自然之象的地方，是天下人向往的地方。老子接着说，在那里不会遭到自然的伤害，因为那里安详、平和、舒泰，民风淳朴，人民快乐，环境美丽诱人，即使你是匆匆过客，也会忍不住停下脚步。这些好处如果用语言表达出来，那就太平淡、太没有吸引力了[④]——老子自己在《道德经》开篇就说"道可道，非常道"，为什么不能用语言来表达呢？因为你的所见所闻，竟然不及它十分之一的美好——但仅仅是这些，就足以让你受益无穷了！

明白了！原来道这个用言语无法描述、无比强大的东西，就是天下万物的本源。那"德"又是什么东西呢？跟我们平时所说的"道德"有关系吗？

老子在《道德经》第五十一章中说：

> 生而不有，为而不恃，长而不宰。是谓"玄德"。

意思是说，生育万物而不占为己有，无所不能却不以功高自居，成就了万物却从未想过要主宰万物，这就是恩泽天下的玄德，也就是最高的德行。

老子还说：

> 孔德之容，唯道是从。（第二十一章）

这是在阐述"道"和"德"的关系，老子认为德是博大和无所不包的，也是由道衍生而成的，受道的支配，即"惟道是从"。那么以此类推，有至高德行的人,他的一切行为举止,都是依照"道"来行事的,也就是说,是符合自然规律的。

想一想

1. 老子说:"道可道,非常道。"意思是:真正的"道"是无法用语言说清楚的。你有没有过那种很想表达但说不出口的感受?你会怎么形容它?

2. 老子主张"顺应自然",反对一味追求、强求。你觉得"顺其自然"是懒惰,还是一种智慧?

3. 老子说,"大道无为",真正的强大是不求名利、不抢风头的。你有没有见过这样的人?你认为他们强大吗?你想不想成为那样的人?

柔弱的美德

那什么是自然规律呢?怎么做才能符合自然规律呢?我们先来看看这几个关键词:水,柔,不争,无为。

如果我们要在《道德经》中找老子的"最爱",那一定是水。他在第八章中说:

> 上善若水,水善利万物而不争。处众人之所恶,故几于道。

他认为,水是至善至柔之物,本性最接近道,因为它滋润万物,却从不与万物争短长。它总是停留在众人都不愿意去的低洼之处,甘心居于卑下的地位或环境。

如果你身边有这样的朋友,温和、善良,总是做对别人有利的事情,别人不愿意去的地方他都愿意去,别人不愿意做的事他也都愿意做,忍辱负重、任劳任怨,尽自己最大的力量去帮助别人,而且功名利禄从不放在眼里,自然也从不与人争这些东西。这样的人你喜欢吗?当然了,这样的人谁不喜欢呢?就是这样的人,品德最接近道。

这样的人不但总是甘居卑下的环境,而且心胸沉静而博大，待人真诚可亲，说话信守诺言，为政有方，办事能发挥所长，行动时又总能把握时机。——这不正是很多人穷其一生所追求的完美品格吗？而且正因为有不争的美德，所以才不会出现过失，招来怨恨与不满。⑤

老子把这种品格，叫作"上善"。那用什么来比喻这种品格呢？

人生逍遥自在的秘密，都在这水里！

老子特别推崇水。在老子看来，水是大道的体现，而天生就有像水一样品格的人，他们不用修炼而拥有德。如果你先天没有这种品格，后天修炼也能起到勤能补拙的功效。**人一旦修炼到拥有水一样的品格，自然就与世无争，不痛苦，不烦恼，从此过上逍遥自在、轻松愉悦的生活。**

还有一个字，老子也特别喜欢，那就是"柔"，也可以说是柔弱。水的品格就是柔，所以得到了老子的赞美。《道德经》第三十六章中说：

> 柔弱胜刚强。

水能化为绕指柔，这水一般的柔体现了看不见、摸不着但却无时无处不在的力量。人只要做到柔弱、不争，就能符合自然规律，自然能胜过不符合自然规律的刚强。俗话说，"鱼儿离不开水"，这就是自然规律。如果鱼违反了自然规律，一定要彰显自己的能力，非要离开水去沙滩上、陆地上试一试自己的生活能力，那失水而亡不就是分分钟的事吗？

在第五十二章中，老子也说：

> 守柔曰强。

能保持柔弱就是刚强的表现，所以做人要低调，要内敛，这样不但可以规避祸患，还能够积聚能量，最终胜过刚强。所以，守柔就是守下、守辱、不争，而这样的人生态度才是长久的做人之道。

什么？守下、守辱还不够，还要"不争"？是的，老子在《道德经》中多次强调了"不争"。在第二十二章中，老子说：

> 夫唯不争，故天下莫能与之争。

意思就是说，只要保持不争的姿态，那么天下之大，没有什么能胜过你的。在《道德经》第七十三章和第八十一章中，老子又说：

> 天之道，不争而善胜。（第七十三章）
> 天之道，利而不害；人之道，为而不争。（第八十一章）

原来，不争而胜的原因是符合天道，如果你想成为成功的人，最好的方法就是"为而不争"。

读到这里，有同学可能又要举手提问了：道家思想的核心不是"无为"吗？为什么这里说"为而不争"呢？

我们来看一下"无为"和"有为"有什么关系吧！

老子在《道德经》第三十七章中说：

> 道常无为而无不为。

意思是说，道永远是顺应自然的，表面上看起来它什么都没做，但其实没有一件事不是它在起作用。人作为"四大"中最低等、最渺小的个体，个人的力量实在有限，所能做的不过是"顺势而为"罢了。其实只是"顺势"而已——在这种情况下，"无为"就是"有为"。所以，"无为"绝不是无所作为，而是说，做事要抓住重点，搞清楚事物的本质或规律，这样才能事半功倍。比如说我们熟知的大禹治水的故事。鲧花了九年时间治理洪水，洪水一泛滥，他就带领人们去堵。看起来挺有道理，但结果是越治理洪水越肆虐。大禹却没有这样做。他发现，对付洪水最好的方法是疏通而不是堵截，于是他成功了。两者一个是看似努力却事倍功半的"有为"，另一个是看似"不为"的"有为"。

所以，老子所说的"无为"，其实是"顺道而为"，是一种更高级的人生智慧。

说到这里，大家想必已经明白了：道家思想的核心就是"无为"，所以水啊、柔啊、不争啊这些词才会在《道德经》中多次出现。

我们不妨多读几章，看看老子在《道德经》中对我们的生活提出了什么建议吧！读了《道德经》你就会后悔，怎么没早点喝上这碗千年"鸡汤"？——老子提出的一些生活准则，简直就是幸福生活的灵丹妙药啊！

老子在《道德经》第六十七章里说：

> 我有三宝，持而保之。一曰慈，二曰俭，三曰不敢为天下先。

这三条珍贵的人生准则是慈爱、节俭和谦虚。慈爱的人因心怀对生命、自然的珍视，而能激发出持久且坚定的力量；节俭的人永远不会放纵自己的欲望，所以才能持续发展；为人谦虚、低调，才能受人拥戴，成为万物之长。⑥

老子觉得这三宝是值得坚持并长期保有的。但若人心不古，舍弃这些珍宝，那又该怎么办呢？老子的解药就是慈爱。

> 今舍慈且勇，舍俭且广，舍后且先，死矣！夫慈，以战则胜，以守则固。天将救之，以慈卫之。

这是《道德经》五千多字中唯一一处提到爱的部分。老子说：慈爱无坚不摧，无所不能。有爱心的人，老天自然会眷顾、保护他。

好的！要慈爱，要节俭，要谦虚。还要什么？

还要不放纵自己的欲望。老子在《道德经》第十二章中告诫我们：

> 五色令人目盲；五音令人耳聋；五味令人口爽；驰骋畋猎，令人心发狂；难得之货，令人行妨。

什么？！这五色、五音和五味，不都是美好生活的重要组成部分吗？生活中若没有这些，还有什么意思呢？——别急别急，千万不要误解老子的本意。老子并不是说我们不能接触这些东西，而是说过分追求色彩的享受，会导致视而不见；过分追求声音的享受，会造成听而不闻；过分追求味道的享受，会丧失味觉，食而不知其味。金银财宝、骑马打猎就更不能追求了，会扰乱你的心神，甚至会败坏你的品德，让你身败名裂。

由此可见，老子推崇的生活是质朴宁静、不奢侈浮华的。抵制一切外物的诱惑，才能够保持一颗赤子之心。

在《道德经》第十九章中，老子说：

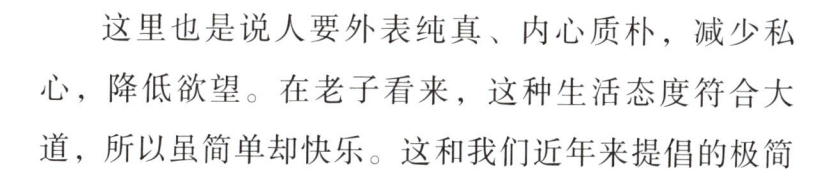

> 见素抱朴，少私寡欲。

这里也是说人要外表纯真、内心质朴，减少私心，降低欲望。在老子看来，这种生活态度符合大道，所以虽简单却快乐。这和我们近年来提倡的极简生活很相似。我们常说，现代生活纷繁复杂，应该给生活、朋友圈，甚至是思想做减法。原来这不是现代人自己悟出来的生活真谛啊，几千年以前的老子早就悟出来并且写出来了！

有同学可能要捶胸顿足了：读晚了读晚了！《道德经》中有这么多宝藏啊！还有什么是我应该知道的呢？

来来来！我们接着往下读。

我们常用"天长地久"来形容一段关系。其实这个成语出自《道德经》，而且它并不是一个祝愿用语。在第七章中，老子说：

> 天地所以能长且久者，以其不自生，故能长生。是以圣人后其身而身先，外其身而身存。非以其无私邪？故能成其私。

天地之所以能长久，是因为不为自己而生存。圣人观察、学习到了这一点,为人无私,不总想着自己,所以才成就了自己的伟大。看来,自私是人的本性,但不符合大道。我们应该向天地万物学习无私的品格,不被外物迷惑,才是正道。

原来,"天长地久"的原意是要我们向天地万物学习,养成无私的品格,走正道啊!

那还有什么是"正道"呢?

老子在《道德经》中常常谈到知足。他认为,贪婪是一切灾祸的根源。不知足在人类社会的发展中起到了重要作用,但如果我们用这种态度来生活,就会发现物质欲望或其他任何欲望都是无底洞,一旦开启,永无宁日。不知足是最大的祸患,贪得无厌是最大的罪过;只有知足、知止,才能体会到什么是真正的、恒久的满足。⑦

声名、财物、利益,跟生命比起来,简直是轻如鸿毛;过分爱惜名利与财富,最终会招致祸患与屈辱;而只有知足、知止,生命才得以保持并长久。⑧

这就是"富贵于我如浮云"吗?

我们常用"宠辱不惊"来形容一个人的品格。其实这个词也出自《道德经》，第十三章中说：

> 宠辱若惊，贵大患若身。何谓宠辱若惊？宠为下，得之若惊，失之若惊，是谓宠辱若惊。何谓贵大患若身？吾所以有大患者，为吾有身，及吾无身，吾有何患？

人们往往太在意外人对自己的评价，自身修养不足，所以无论是得到还是失去，都会影响到自己的心境，这就叫宠辱若惊。之所以会有祸患，是因为把自己的身心看得太重要；如果忘记了自我，意识到自身的虚无，那还会有什么祸患呢？

说起来容易，可做起来难。人是情感动物，不可能完全摆脱别人的影响。受到恭维和赞许时，我们自然会感到喜悦；被批评、刁难的时候，也会表现出难过、害怕。人有患得患失的特点，"宠辱若惊，贵大患若身"是世间一般人的普遍心态。

我们经常听到的另外一句话是："满招损，谦受益。"其实这句话最早也是出自《道德经》，而且描述得更生动、更有说服力。《道德经》第十五章中说：

> 古之善为士者，微妙玄通，深不可识。夫唯不可识，故强为之容：豫兮若冬涉川，犹兮若畏四邻，俨兮其若客，涣兮其若释，敦兮其若朴，旷兮其若谷，混兮其若浊。孰能浊以静之徐清；孰能安以动之徐生。保此道者，不欲盈。夫唯不盈，故能蔽而新成。

这段话描述的是一个符合大道的人的行为举止：他做事小心谨慎，如履薄冰；他时刻保持警觉，好像随时准备好应对邻国的进攻；他穿着正式、态度庄重，随时都能出门赴宴；他和蔼可亲，像慢慢融化的冰块；他纯朴厚道，像原木一般未经加工处理；他旷远豁达如空旷的山谷；他宽容厚道如滔滔江河。无论遇到多大的动荡，他都能安静下来，而且在安静中慢慢变得清醒；无论是多么安定的环境，他都能随时动起来，让一潭死水幻化出生机！

这就是得道之人啊！他们"微妙玄通，深不可识"，谨慎又旷达、严肃又洒脱、警惕又浑厚、纯朴又融和、含而不露、高深莫测，就是因为掌握了事物发展的规律，自然也懂得如何顺应大道来修身、处世。这样的人从不自满，所以才能不断进步！

我们常说"魔高一尺，道高一丈"，难道这就是道的魅力吗？从不自满，永远进步，当然能不战而胜了！

从以上这些篇章，我们看到了《道德经》对人自身修养的指导作用。有的人很幸运，不用学习，自然的天性就符合大道；但这么幸运的人毕竟是少数，更多的人首先要认识到自然规律，知道道之所在，然后再加以练习，才能得道。这样的人，不是儒家所说的圣人，而是道家所称的"真人"。

想一想

道家提倡的"柔弱的美德"，你领会了吗？在生活中你将怎样实践运用呢？

《道德经》的治国论

普通人读《道德经》，大多是为了修身；而统治者读《道德经》，可以在治理国家上获得一定的功效。也就是说，修身治国，都离不开《道德经》。

《道德经》建议统治者怎么治国呢？

老子在第六十章中说：

> 治大国，若烹小鲜。

人们常常误解这句话，觉得老子的意思是治理大国就像煎制小鱼一样容易，小菜一碟。其实，老子的意思是煎小鱼时不能经常翻动，要不然小鱼就被煎碎了。统治者若懂得这个道理，治理国家的时候就不会常常折腾人民，乱发政令或朝令夕改，让人民无所适从，使国家陷入动荡不安之中。

这句话强调的其实还是"无为"。汉代初期在长期的战乱之后"休养生息",其实就是这个道理。国家要强大,主要靠的不是征战,而是发展经济,增强"软实力",这样才能给人民带来幸福,国家才能真正富强。

那具体应该怎么办呢?哪些该做,哪些不该做呢?

在《道德经》第三章,老子给统治者提出了以下建议:不把有才德的人当作榜样,老百姓之间就不会互相争夺、互相攀比;不珍爱难得的财货,老百姓就不会起盗心;不让老百姓看到名利这些容易引起贪心的事物,民心就不会被迷惑而变得混乱。因此，圣人治理国家最重要的是填饱百姓的肚子，净化人们的心灵和头脑，增强人们的筋骨体魄，不要让他们的心智过于发达。这样，老百姓就不会有那么多欲望。如果百姓能一直这样无知无欲，即使有诡计多端的阴谋家想利用人民的力量，又怎么会得逞呢？⑨

这里强调的仍然是"无为"。只要按照"无为"的原则去治理国家、顺应自然，那么，还有什么摆不平的事情呢？"垂拱而治"，原来是这么做到的！

可是真的要做到"无为"，也许比想象的要困难许多。所以老子在《道德经》第十章中一口气问了我们一大串问题：

> 载营魄抱一，能无离乎？专气致柔，能如婴儿乎？涤除玄鉴，能无疵乎？爱民治国，能无为乎？天门开阖，能为雌乎？明白四达，能无知乎？

全是人生难题啊！你能用自己的意志控制身体，做到身心合一吗？你能在这个纷繁复杂的社会中不被污染，保持初心，像婴儿一般纯真吗？你能每日自省、把自己的心灵洗涤得光明澄澈、毫无瑕疵吗？

如果答案都是"不"，那还怎么治理国家呢？

后面几句话告诉了我们答案：无为，就能爱护好人民、治理好国家；不滥用感官，心就能静下来；不用心机，就能大彻大悟。

还是"无为"呀！

那如果有一个统治者，比方说秦始皇吧，做不到"无为"，一定要用强权治理天下，那么他能成功吗？

我们看看老子的回答。他说，要是你一定要用强制的办法去治理天下，我看你是达不到目的的。"天下"是神圣的东西，怎么能采用强制的办法使之屈服呢？想用强力去战胜，一定会失败；想用强力去得到，最终也一定会失去。天下人个性不一，有的积极，有的消极；有的刚强，有的脆弱；有的安静，有的危险。但圣人跟他们都不一样，圣人从来不会通过自己的意志改变外在的人和事物，而是避开一切极端的做法，依从事物本身的规律来自然而然地达到目的，这才是真正的成功啊！⑩

说到底，都是循自然之道，行无为之事！

那么，一国之君应该用什么样的态度对待百姓呢？

我们先来看看《道德经》第四十九章：

> 圣人常无心，以百姓心为心。善者，吾善之；不善者，吾亦善之；德善。信者，吾信之；不信者，吾亦信之；德信。圣人在天下，歙（xī）歙焉，为天下浑其心，百姓皆注其耳目，圣人皆孩之。

文中的圣人是一个极其完美的统治者，也是一个完美的人。他没有私心，没有强大的自我，百姓的意愿就是他的意愿，百姓的幸福就是他的幸福。不管你怎么对待他，他都爱你、信任你。如果你被如此对待，你怎么会有心机呢？当然会淳朴无欲。那这样的百姓，还需要治理吗？我们常说"得民心者得天下"，得天下者必为得道之人啊！

老子在《道德经》最后几章中谈了人民与统治者的关系。

他说：人民为什么挨饿啊？因为收税太多了！百姓为什么会变成"刁民"啊？因为法令烦琐，令人无所适从！人民为什么会去触犯法律啊？因为民脂民膏都被搜刮干净、没有活路了！[11]

在老子看来，苛捐杂税、政令烦苛，都是"以其上之有为"，这里的有为等同于胡作非为。俗话说："上梁不正下梁歪。"统治者如果不善待百姓，百姓当然会偏离大道，国家也自然会变得混乱。

而且，老子在第七十四章中说：

民不畏死，奈何以死惧之？

人民不畏惧死亡，为什么用死来吓唬他们呢？老子其实是在告诫统治者，如果用暴政来统治天下，用死来威胁人民，终有一天会自食其果。

哇，语气不是一般的严厉呢！老子用非常坚定的态度反对暴政，那他怎么看待战争和武器呢？

《道德经》第三十章中说：

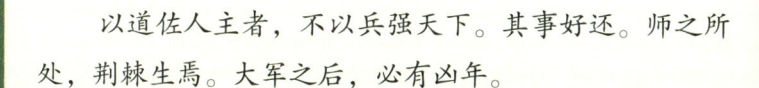

> 以道佐人主者，不以兵强天下。其事好还。师之所处，荆棘生焉。大军之后，必有凶年。

在老子看来，按照"道"的原则辅佐君主的人，是不会用兵力来征服天下的。如果用强力使人屈服，日后必然会遭到报复。每次大战过后，必定会有荒年。不是瘟疫爆发，就是食物短缺。

老子在《道德经》第三十一章中更是把兵器称作"不祥之器"。他认为圣人君子不是不能使用武器，一定是在不得已的时候才可以使用，而且使用时也要心平气和，只求达到目的就算了。即使打了胜仗，也不可得意，因为得意就是喜欢杀人的表现。[12]

我们用老子自己的哲学来解释，就是说，兵器是不祥之物，因此要尽量避免战争，战争是有悖于大道的。战争，从来都应该是不得已才使用的手段；面对矛盾和争端，和平解决才是最好的方法。

> 近年来的国际形势，不是深刻印证了这一点吗？

读到这里，你是不是觉得老子和孔子有旗鼓相当的感觉了？他们都是智慧过人、言辞振聋发聩的圣人啊！

但非常有意思的是，《道德经》最经典的名篇，大多是驳斥、反对儒家学说的。我们先来看看《道德经》第十八章：

> 大道废，有仁义；六亲不和，有孝慈；国家昏乱，有忠臣。

短短二十字,铿锵有力。在老子看来,如果不是因为大道荒废了,根本不会出现"仁义"这个概念。孝慈、忠臣的出现也是一样的道理。

也就是说,儒家为什么要提倡仁义?就是因为世上存在不仁和不义,大道被抛弃了,欲望驱动着人们利用各种手段来满足自己的私欲,所以儒家只好用"仁义"来拯救世界——而在老子看来,这根本就是在舍本逐末。所以在《道德经》第十九章中,他接着说:

> 绝圣弃辩,民利百倍;绝伪弃诈,民复孝慈;绝巧弃利,盗贼无有。此三者以为文,不足。故令有所属,见素抱朴,少私寡欲。

老子认为,智辩、伪诈和巧利不应该成为治理国家的法则,只有一切归于大道,保持事物的本性,才能真正解决世界上出现的各种问题。

《道德经》最有名的一章是第三十八章。老子说：

> 上德不德，是以有德；下德不失德，是以无德。上德无为而无以为；下德无为而有以为。上仁为之而无以为，上义为之而有以为。上礼为之而莫之应，则攘臂而扔之。故失道而后德，失德而后仁，失仁而后义，失义而后礼。夫礼者，忠信之薄，而乱之首。

前两句听起来跟绕口令似的。我们来概括一下吧！

这段话的意思是：真正品德高尚的人（上德）做好事很自然，不会刻意表现；而总是标榜自己品德好的人（下德），其实并不真正具备德行。最好的状态是顺其自然地做事（无为），其次是发自善心做事（仁），再次是为某种目的做事（义），最差的是强迫别人遵守规矩（礼）。社会就是这样一步步从真诚变得虚伪的——当人们失去自然的本性（道）后，才需要强调品德（德），失去品德后才提倡爱心（仁），失去爱心后才讲对错（义），最后只能用礼仪规矩（礼）来约束人。所以礼仪规矩的出现，恰恰说明人们已经不够真诚了，这是社会混乱的开始。聪明人应该选择真诚朴实，而舍弃那些虚华做作的东西。

可见，老子认为儒家的德不符合自然规律，也就是"道"，所以不能称为"上德"，勉勉强强算是个"下德"。"上德"其实就是"无为"，不管是统治者还是儒家所谓的"圣人"，只有心中不存"仁义礼智信"的观念，一切只遵循事物本身的规律来进行，才能做到"无为而无不为"，"垂拱而治"自然就能实现。

现在大家知道这段话为什么有名了吧？它不但给

"仁义礼智信"排了个倒数第一,还给它扣了顶大帽子——社会动乱的祸首啊!

"手撕儒家"行动这就结束了吗?不,我们再来看看《道德经》第五章:

> 天地不仁,以万物为刍狗,圣人不仁,以百姓为刍狗。天地之间,其犹橐(tuó)籥(yuè)乎!虚而不屈,动而愈出。多言数穷,不如守中。

正因为风箱是空的,所以才能一直吹出风!

这段话乍一看是在批评天地和圣人,说他们不尊重万物,不善待百姓,不把百姓当人看。很多人读《道德经》的时候都是这么理解的——这就大错特错了!

首先,这里的"刍狗"不是狗,更不是"猪狗",而是古代祭祀时用草扎的一种东西,祭祀一完就被人扔了。老子真正的意思是:天地生养万物,对天下万物无所偏私,凡事顺其自然,万物才能自然生长,得到最好的发展。对待百姓也应该是这个态度,让他们自由自在地生活,不要用创造出来的那套"仁义"之类的说辞束缚他们。因为天地之间的运行规律,就和风箱一样,宇宙看似空虚无形,却蕴含着无穷无尽的力量。少说话少管大家——按照自然规律办事,虚静无为,万物方能生生不息,社会方能安定和谐。这里的"中",可不是"中庸"的"中",而是老子一贯提倡的"无为"。

好,读到这里,大家大概已经了解《道德经》讲的是什么了:讲了道,又讲了德,

> 让我们最后再读几章,看看老子笔下理想的人是什么样子,理想的世界又是什么样子吧!

合在一起就是道德嘛！那么，你现在看"道德"这两个字，是不是有了新的理解？

老子的"理想国"

我们之前读到过"上善若水"这句话。老子做人的理想就是"若水"，因为水的品质最接近道——毫不利己，专门利人。这种品质表现在人身上，叫"上善"——心胸宽广、深远、博大，为人真诚可亲、信守诺言。这样的人如果从政，一定知道怎么治理国家；在生活中，这样的人也知道顺势而为、顺时而动。"木秀于林，风必摧之"根本不会发生在这样的人身上，因为他们永远谦和、低调、不争！

我们再来看看《道德经》第二十八章"守其雌"：

> 知其雄，守其雌，为天下谿（xī）。为天下谿，常德不离，复归于婴儿。知其白，守其黑，为天下式。为天下式，常德不忒，复归于无极。知其荣，守其辱，为天下谷。为天下谷，常德乃足，复归于朴。朴散则为器，圣人用之，则为官长，故大制不割。

这段说得太玄，也太美了！老子在这里描绘的是个什么样的情况啊？——知道什么是"强"，却安于"弱"；知道"明"的好处，却安于"暗"；知道"荣"的光彩，却安于"辱"——甘愿做处于天下最低洼之地的川谷，这样做就不会"失德"，人也就会回归婴儿般自然本初的纯真状态。悟透了这样的大道，就能成为领袖人物。

柔弱，不但是一种美，还是一种强大无比的力量。

如果一国之主是个能遵循大道的圣人，那世界会变成什么样子呢？我们来看一看《道德经》第八十章"小

国寡民":

> 小国寡民。使有什伯之器而不用,使民重死而不远徙。虽有舟舆,无所乘之;虽有甲兵,无所陈之。使民复结绳而用之。甘其食,美其服,安其居,乐其俗。邻国相望,鸡犬之声相闻,民至老死,不相往来。

读了这一段,你脑海中最先闪现出的是哪个词?"世外桃源",对吗?

老子显然并不希望这仅仅是"世外桃源",他希望全世界、全天下都这样美好、宁静。没有战争,没有竞争,没有舟车劳顿之苦,也没有拥挤的街道、汹涌的人潮,就是这么一个个小小的理想国——安静,祥和。在这里,无论吃什么都甘之如饴,无论穿什么都感觉漂亮舒心,人人安居乐业。跟邻国"鸡犬之声相闻,老死不相往来"——原来"老死不相往来"是这么个意思啊,有点"相敬如宾"的意思呢!

读完上面这些,关于《道德经》,我们大概可以完美收官了。著名学者林语堂曾说过,看过《道德经》的人,第一个反应,便是大笑,因为太有趣了;接着就开始自嘲似的笑,因为开始联想到自己和社会;最后才大彻大悟,彻底想通了,意识到这才是目前最需要的教训。

老子说:

> 上士闻道,勤而行之。中士闻道,若存若亡。下士闻道,大笑之。不笑不足以为道。(第四十一章)

春秋时期，士可以分为三等：上士、中士、下士。老子在这里也把芸芸众生分为三个等级，但划分等级的标准不是身份和地位，而是认知水平和学习能力。由于每个人对道的认识程度不同，对道就有不同的理解和态度：上士听人讲道，能够很快领悟并积极运用到行动中去；中士听人讲道，不能完全理解，总是半信半疑，学到的只是皮毛，不能付诸行动；最糟糕的是下士，他们听人讲道后，不但完全否认大道的存在，还会对讲道的人冷嘲热讽，更不用说运用大道去指导自己的一言一行了。

老子这么苦口婆心地手把手教人悟道、习德，结果如何呢？粉丝多吗？

现在当然多了。我们在读《道德经》之前已经了解到老子的粉丝不但遍布世界，而且贯穿古今，但在当时，老子是很孤独的。他在第七十章中说：我的话很容易懂，很容易做。可是天下却没有人懂，也没有人照着去做。我的言论以自然无为为主旨，行事以自然无为为根据，人们怎么就是理解不了呢？

你觉得老子会仰天长啸吗？——"你不懂我！"

哎……谁懂我？

不会的，读完《道德经》你就明白了，他只会幽幽地长叹一声："谁懂我？""道"是浅显易懂的，但真正知"道"、悟"道"、行"道"的人太少了。老子觉得自己和所有得道之人一样，怀抱美玉，但只因为穿的是粗布衣服，所以总不被世人理解。⑬

有同学又要举手了：老子这是在哀叹怀才不遇吗？他不是提倡无名、不争吗？

读完《道德经》，我们大概可以猜测，老子之所以这样说，不是在抱怨，他只是在叹息，在怜悯，在同情——人哪！你们看不穿名利，逃不出欲望，在这世界上挣扎，而对那条光明大道视而不见，不是很可悲吗？

所以，老子最终骑青牛绝尘而去。

人走了，但留下的五千字人生哲学熠熠生辉，散发着智慧之光、文明之光，照亮了人们前行的道路。

想一想

1. "道"和"德"到底是什么？

2. 老子说的"小国寡民"是一种什么样的社会？这样的社会在现实世界中能否存在？

3. 为什么老子特别尊崇水？你能说出《道德经》中三句与水有关的话吗？

有趣的小知识

"知识"与"知道"

我们常常觉得,知道的东西越多,知识就越多,学问也就越大。读了《道德经》以后,我们会发现,不但"道"与"德"是两个不同的概念,"知识"与"知道"竟然也迥然有别。从老子的角度来看,"为学日益,为道日损"(第四十八章)——知识是外部的信息储备,知道是内部的领悟能力。如果心中没有"大道"的指引,学得越多,离大道反而越远。通过几个真实的小故事可以了解其中的差别。

伦敦大学研究发现,长期使用GPS导航的人,海马体(负责空间记忆的脑区)会萎缩。这印证了老子的智慧:当我们拥有太多导航"知识"时,反而丧失了"知道"道路的内在能力。英国有位理论满分的游泳教练,熟记所有泳姿要领,却从未下过水。某天,他按教科书指导学员,结果自己和学员都差点溺水。这个真实案例说明:拥有游泳的"知识"(理论),不等于真正"知道"游泳(实践)。老子提醒我们:当沉迷于收集知识时,别忘了留白去体验、去犯错、去感悟——这才是"为道日损"的真谛。

注释

① 道家使人精神专一，动合无形，赡足万物。其为术也，因阴阳之大顺，采儒墨之善，撮名法之要……与时迁移，应物变化，立俗施事，无所不宜。指约而易操，事少而功多。（《史记·太史公自序》）

② 道常无为而无不为。侯王若能守之，万物将自化。化而欲作，吾将镇之以无名之朴。无名之朴，夫亦将不欲。不欲以静，天下将自正。（《道德经》第三十七章）

③ 大道泛兮，其可左右。万物恃之以生而不辞，功成而不有。衣养万物而不为主，常无欲，可名于小；万物归焉而不为主，可名为大。以其终不自为大，故能成其大。（《道德经》第三十四章）

④ 往而不害，安平太。乐与饵，过客止。道之出口，淡乎其无味。视之不足见，听之不足闻，用之不可既。（《道德经》第三十五章）

⑤ 居善地，心善渊，与善仁，言善信，政善治，事善能，动善时。夫唯不争，故无尤。（《道德经》第八章）

⑥ 慈故能勇；俭故能广；不敢为天下先，故能成器长。（《道德经》第六十七章）

⑦ 咎莫大于欲得，祸莫大于不知足。故知足之足，常足矣。（《道德经》第四十六章）

⑧ 名与身孰亲？身与货孰多？得与亡孰病？甚爱必大费，多藏必厚亡。故知足不辱，知止不殆，可以长久。（《道德经》第四十四章）

⑨ 不尚贤，使民不争；不贵难得之货，使民不为盗；不见可欲，使民心不乱。是以圣人之治，虚其心，实其腹，弱其志，强其骨，常使民无知无欲。使夫智者不敢为也。为无为，则无不治。（《道德经》第三章）

⑩ 将欲取天下而为之，吾见其不得已。天下神器，不可为也，不可执也。为者败之，执者失之。故物或行或随，或嘘或吹，或强或羸，或培或隳（huī）。是以圣人去甚，去奢，去泰。（《道德经》第二十九章）

⑪ 民之饥，以其上食税之多，是以饥。民之难治，以其上之有为，是以难治。民之轻死，以其上求生之厚，是以轻死。（《道德经》第七十五章）

⑫ 兵者不祥之器，非君子之器，不得已而用之，恬淡为上。胜而不美，而美之者，是乐杀人。夫乐杀人者，则不可得志于天下矣。（《道德经》第三十一章）

⑬ 吾言甚易知，甚易行。天下莫能知，莫能行。言有宗，事有君。夫唯无知，是以不我知。知我者希，则我者贵。是以圣人被褐怀玉。（《道德经》第七十章）

| 第三讲 |

古老的"相对论"
——老子的辩证思想

美与丑的相对论

上一讲我们读了《道德经》中一些有代表性的篇目，对老子在宇宙、修身、治国等方面的思想有了一定的了解。后人把老子的学说称为"玄学"，想必大家已经知道原因了——的确挺玄妙的。这一讲我们来谈谈老子思想中更为玄妙的一个部分——《道德经》中所包含的古老的"相对论"。

什么？相对论？那不是爱因斯坦的学说吗？怎么变成老子的思想了？

据说，爱因斯坦在访问亚洲时买了一本德文版的《道德经》，并时常翻看，对其中相对论、无为而治的思想表现出了浓厚的兴趣。虽然只是传言，但从一个方面说明《道德经》中包含着深刻的哲学及科学思想。至于爱因斯坦的相对论是否受到了《道德经》的影响，我们就不得而知了！

那么，《道德经》中真的有讲相对论的篇章吗？中国古人的智慧在几千年前就达到这样的高度了吗？

让我们一起去《道德经》中寻找答案吧！

天下皆知美之为美，斯恶已；皆知善之为善，斯不善已。有无相生，难易相成，长短相形，高下相盈，音声相和，前后相随。是以圣人处无为之事，行不言之教；万物作而不为始，生而不有，为而不恃，功成而弗居。夫唯弗居，是以不去。（第二章）

这是非常有代表性的一章，老子在这里阐述了道家思想中的"相对性"。大概意思是说，天下人都知道什么是美，那是因为有丑陋的存在；都知道什么是善，那是因为有恶的存在。所以，有和无互相转化，难和易互相形成，长和短互相显现，高和下互相充实，音和声互相和谐，前和后互相接随。没有丑陋，我们就不知道什么是美丽；没有恶的衬托，就没有人知道什么叫善。如果没有无，也没有人会知道有是什么——依此类推，难易、长短、高下、音声、前后都是一样的关系，互相依存，谁都离不开谁——离开了对方，自己就不存在了！

也就是说，善恶、美丑、有无、高下这些东西都是相对相生的，这就是我们要谈的古老的相对论。其实《道德经》中有很多篇章都是从相对论出发去谈对宇宙、世界、国家和个人的认识的。

比如我们在前面讲过的第十八章。

仔细想一想：如果不是人们不走"大道"，又怎么会需要用"仁义"来劝导、约束老百姓的行为呢？家庭里也是一样，父母慈爱、子女孝敬本来就是自然的现象。如果家庭和睦，"孝"和"慈"这样的概念根本就不会出现，更不会成为人们的道德信条。我们谈到"忠臣"，一般都把重点放在"忠"上，但仔细想想，如果没有"不忠"，怎么需要推崇"忠"呢？如果整个世界都是老子"小国寡民"的理想世界——"邻国相望，鸡犬之声相闻，民至老死，不相往来"，臣子"忠"与"不忠"还是一个需要谈论的话题吗？

简简单单的两个章节读下来，你是不是已经被老子的智慧所震撼了？老子生活在几千年前，没有任何科技手段的帮助，认识世界的角度却如此独特而深刻，对浩瀚宇宙竟有如此全面的推论与了解！

老子是如何看待宇宙的呢？他对宇宙的认识也是从"相对"的角度出发的吗？

我们来看《道德经》第一章，老子说：

> 无，名为天地之始；有，名为万物之母。……此两者，同出而异名，同谓之玄。

用物理学的名词来解释，"无"就是无形无状的"能量"，"有"就是看得见、摸得到的"物质"。而"物质"与"能量"这两种东西出于同一种来源，只是名字不同而已，是很玄妙的东西。

古人当然觉得玄妙，因为当时科学不发达啊！普通人自然无法理解其中的玄机。但学过物理学的人都知道，能量就是物质的另一种形式，而且两者是可以互相转换的——这不就是相对论吗？

其实，不只是相对论这么高端的科学学说，对于现代哲学中的辩证法，我们的老祖宗老子也早就研究得十分透彻了。

什么是辩证法呢？一般来说，哲学意义上的辩证法是指对事物性质和变化的认识，强调事物的正反两面同时存在，目的在于认识事物的本质属性。

绝了！这不就是我们刚读过的《道德经》吗？这五千字里，到处都是生动的辩证法！

我们一起来探索一下吧，说不定一不小心，又能学到不少人生哲理呢。

刚与柔的辩证法

我们先来看看这一段。

> 曲则全,枉则直,洼则盈,敝则新,少则得,多则惑。

这句话出自《道德经》第二十二章,意思很容易理解:学会委曲才能做到保全,学会弯曲才能伸直;低洼处才有空间待充满,而陈旧,其实是另一种新,或终将带来崭新的一切;学得少些能受益更多,学得多了反倒受到迷惑。

用现代哲学的角度来解读,这讲的是矛盾两方面的转化。人们最容易落入的思维陷阱,就是只从一个角度看事情。这十八个字正是教导我们变换角度,去看一个全新的世界与无限的可能;当然,同时我们也能学会如何在这个世界上生存。

做人，一味地刚烈是不行的。为了保全性命或达到目标，要学会暂时承受委曲，甚至消化掉这些委曲。今天的弯曲是为了明天伸得更直。

遇到困难或陷入逆境，要多想想目前的困境有没有给你带来什么好处，试着从积极的角度来思考。成绩不够理想，是在告诉你进步的空间更大——换一个角度，就能让沮丧、低沉的你变得元气满满、动力十足！

"少则得，多则惑"，你同意吗？其实英文中也有类似的说法，"less is more"（少就是多）。我们不妨拿交朋友这件事来分析一下这句话有没有道理。有人只有三五知己，但十分了解、信任对方，甚至有过命的交情。有人呢，但凡认识都是朋友，有时候甚至记不住对方是谁，这样的"朋友"，除了浪费时间和精力，又有什么意义呢？

这十八个字让我们明白了一个道理：看《老子》，学做人。

学完做人，我们再来看看怎么生活。

老子说：

甚爱必大费，多藏必厚亡。（第四十四章）

这句话的意思是说，吝啬过分反而会有更大的花费，收藏得越多，损失就越大。

这不是和极简主义的生活方式不谋而合吗？

很多时候，物质能带给我们安全感，对经历过饥饿和战乱的人来说尤为明显。可是，"买买买"真的能带给我们幸福吗？拥有的物质越多就越幸福吗？想一想，我们有多少件买了后只穿过一次的衣服？有多少根本没时间拆开的快递？这些东西对我们的生活可有可无，但占用的却是我们最重要的时间和精力——这难道不是"多藏必厚亡"吗？

爸爸妈妈或爷爷奶奶可能常说："该花的钱，再多也不能省；不该花的钱，再少也不能浪费。"不是吗？不舍得花钱看病以致延误了病情，跟朋友来往只进不出而丢掉了友情……这些不是时常发生吗？

所以，读《道德经》，还能学会如何生活——明白该把钱花到哪里，将来要过什么样的生活。

接下来，我们再读一读这句脍炙人口的"福兮祸所伏，祸兮福所倚"。

原句是这样的：

祸兮，福之所倚；福兮，祸之所伏。（第五十八章）

要理解这句话，最好的方法还是温习一下"塞翁失马，焉知非福"这个成语故事。

战国时期，边境地区住着一位老人，大家都叫他塞翁。他家里养着许多马。有一天晚上，他发现丢了一匹马，而且好几天都找不着。邻居们听到这事，都来安慰他，他却说："没关系，也许还是好事呢！"邻居听了都觉得好笑——太会自我安慰了吧！可是过了没几天，那匹马居然回来了，而且还带回了一匹骏马。

邻居听说后都来道贺,塞翁却忧心忡忡:"白白得了一匹好马,不一定是什么福气,也许会惹出什么麻烦来呢。"邻居们十分不解。

结果几天后,塞翁的儿子就因骑马摔断了腿。邻居都来安慰他,塞翁却说:"腿虽摔断了,却保住了性命,或许是福气呢。"

摔断腿会带来什么福气呢?

不久,匈奴大举入侵,村里的年轻人都得去从军打仗,塞翁的儿子因为摔断了腿,不能去当兵反而保全了性命。(《淮南子·人间训》)

这个故事告诉我们，好与坏，利与弊，不是绝对不变的，而是随时都可能互相转化的。今天的福也许就是明天的祸，今天的祸也许就变成了明天的福。任何事物都有两面性，要用相对的态度看问题，用发展的眼光对待我们身边的人、事、物。

刚才我们学到的好像都是做人的道理。有教我们做事的吗？

当然有，太多了，我们从中挑两句来看看吧！

先来看这句话：

图难于其易，为大于其细。（第六十三章）

再来看这句：

合抱之木，生于毫末；九层之台，起于累土；千里之行，始于足下。（第六十四章）

第一句话是说，解决困难要先从容易处下手；想办成大事，要从做小事开始。

第二句话是说，合抱的参天大树，是从极小的芽生长起来的；九层的高台，是从第一堆泥土筑起的；千里之行，是从行走的第一步开始的。

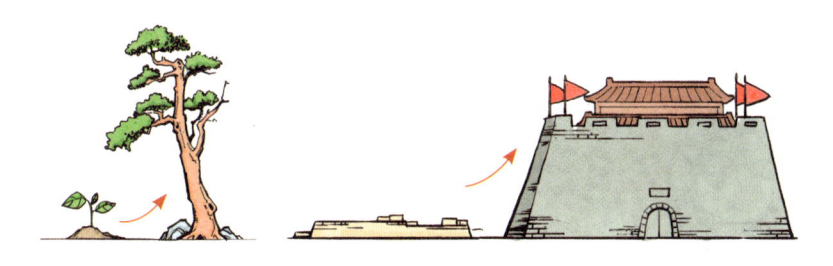

老子这是在用辩证法告诉我们"小"与"大"的关系——每天的一点点努力，看似不起眼，通向的却是未来的辉煌；即使有再大的困难，只要开始行动，从容易处着手，就没有解决不了的问题。

这两句话让我们看到了老子的思维方式是何其独特！这种不同于常人的思维方式，使他能观察到事物对立和相反的一面，意识到事物的对立双方并非孤立存在，而是相互依存还能向相反的方向转化的。我们常说"物极必反"，也是同样的道理吧！

想一想

1. 老子说:"图难于其易,为大于其细。"(解决困难的事情要从容易处入手,完成伟大的目标要从细节做起。)你有没有做过这样一件事,这件事看起来特别难,但后来发现只要一步步做,就慢慢变简单了?也可以去问问爸爸妈妈或朋友,看看他们有没有类似的经历?

2. 老子说:"反者道之动,弱者道之用。"(世间万物常常是循环往复的,柔弱反而有力量。)比如,在争吵中,先冷静下来的人更有力量;在运动中,是不是柔韧也很重要?你觉得生活中有哪些"以柔克刚""以退为进"的例子?说一说你的理解。

3. 老子说:"知其白,守其黑,为天下式。"(知道光明的好处,但愿意保持低调,不炫耀自己。)你觉得一个人是经常表现自己更好,还是保持低调、不张扬更好?儒家提倡"努力做人、认真做事",老子却强调"淡然低调、不争不抢",你觉得这两种做人方式有什么不同?你更喜欢哪一种?为什么?

有趣的小知识

柔弱与刚强的辩证法

我们常常被教育要坚强,很少有人告诉我们柔弱也是一种力量。老子是一位睿智的长者,他告诉我们"天下之至柔,驰骋天下之至坚"。为什么这么说呢?我们可以联系自然和生活中观察到的一些现象:台风过境时,公园里挺拔的橡树被连根拔起,而岸边柔韧的柳树却完好无损;沙漠中坚硬粗粝的岩石会被经年的风沙雕琢成奇特的形状,光滑的圆弧取代了锋利的边缘;机械装置中要安装弹簧来吸收震动进行缓冲,从而保护精密零件。可见,以柔克刚并非软弱,而是通过顺应规律、调整方式,来实现更持久、更有效的结果。正如《道德经》所说的"弱之胜强,柔之胜刚"。我们在生活中也可以运用柔弱与刚强的辩证关系解决问题。不论是遇到棘手的事情,还是处理人际冲突,采用冷静平和的理性态度让对方逐步改变,未尝不是一种智慧呢。

其实,《道德经》中还有其他彰显相对关系的语句,例如:明道若昧;进道若退;上德若谷;大方无隅;大直若屈,大巧若拙,大辩若讷;躁胜寒,静胜热……请聪明的你动一动脑筋,在生活中,你还能找出印证这种古老相对论的例子吗?

| 第四讲 |

庄子——用生命践行信念的人

前面我们谈了道家学派的创始人老子，今天我们来谈一谈庄子。

庄子姓庄，名周，是战国时期宋国蒙邑人。当时的蒙邑就是现在的河南省商丘市民权县，所以老子和庄子都是河南人，而且都来自豫东地区。庄子是老子思想的继承者，更是老子思想的发展者，他和孟子差不多是同一时代的人。他虽然只做过一个小小的漆园吏，但对道家思想的发展贡献可不小。关于这个漆园吏到底是多小的一个官职，也有好几种说法。但这些都不重要，你只要记得，说到漆园吏，指的就是庄子。历史上可能有很多人做过这个官，但只有庄子简历上的这个词被后人记住了，我们也才知道还有这么个官职！

庄子的简历记载在《史记》里。司马迁在《史记·老子韩非列传》中记载："庄子者，蒙人也，名周。周尝为蒙漆园吏，与梁惠王、齐宣王同时。其学无所不窥，然其要本归于老子之言。故其著书十余万言，大抵率寓言也。……其言洸洋自恣以适己，故自王公大人不能器之。"

这短短的几句话里信息量很大。首先我们知道庄子的确叫庄周。庄子在自己的作品《知北游》里说:"周、遍、咸,三者异名同实,其指一也。"估计庄子还用过庄遍、庄咸这两个名字,后人觉得不好听,就取了第一个,于是庄周这两个字就影响了中国人几千年。

古人不是都有名有姓还有字吗?庄子的字是什么呀?《警世通言》中说他字"子休",但《警世通言》是小说,不是史书,庄子在自己的书里从来没提过,估计也不是真的。

善于联想的你此时可能已经想到:同为道家学派的代表人物,后人将老子神化为太上老君,那庄子呢?

庄子当然也被奉若神明啦！道教门徒尊称庄子为南华微妙真君，说他是太乙救苦天尊的化身、太上老君的弟子，是能给人传授法术的仙人。民间这么传说就算了，到了唐朝，唐玄宗居然也封已经死去一千多年的庄周为南华真人，把《庄子》称作《南华经》。

看来，在后人眼中，庄子不仅是哲人，还是真人和仙人——但一定不是像孔子那样的圣人。他只说自己想说的话，只做自己想做的事。他是怎么想的，就是怎么活的——他言行一致，是一个用生命来践行信念的人。

自由的庄周

你是不是已经隐隐约约觉得庄子这个人不是一般人了？我们来看看他的几个故事，了解一下他是个什么样的人吧。

第一个故事叫庄周梦蝶，记录在《齐物论》的最后一段，是一个饶有趣味的故事。

有一天，庄周梦见自己变成了一只蝴蝶，在花丛中自由地飞翔，愉快地玩耍，已经完全不知道自己姓甚名谁了。但就在这个时候，他突然从梦中醒来，觉得蝴蝶变成了自己。有那么一刻，他糊涂了——到底是庄周在梦中变成了蝴蝶，还是蝴蝶在梦中变成了庄周呢？[①]

第二个故事出自《秋水》篇。

有一次，庄子和好朋友惠子在一座桥上看水里的鱼。庄子说："你看这些鱼，尾巴摇呀摇的，从容不迫，自由自在，好快活啊！"惠子撑[②]了他一句："你又不是鱼，怎么知道鱼的快乐呢？"庄子也不是吃素的，马上撑了

回去:"你也不是我,怎么知道我不知道鱼的快乐呢?"惠子说:"我不是你,当然不知道你的快乐;而你不是鱼,所以你也肯定不知道鱼快不快乐!"

读到这里,你大概觉得庄子已经无言以对了对吧?不,庄子的回答绝了!他说:"咱们把录音往后倒倒哈!你刚才说'你怎么知道鱼的快乐呢',你已经知道鱼快乐了,怎么还来问我!"③

> 庄子和惠子绝对是一对杠精好基友!这样的对话我们接下来还要读到很多。

想一想

1. 庄子认为世界上没有固定的标准,快乐也好,美丽也好,都因人而异,万物"齐物",没有高低之分。那你觉得有没有一种"放之四海而皆准"的真理?有没有一件事,不管谁来看都是对的?

2. 对于庄子和惠子的濠梁之辩,你觉得庄子说的有没有道理?你能不能知道别人的感受?你觉得人真的能"理解别人"吗?

豁达的庄周

第三个故事叫鼓盆而歌。

说的是庄子的妻子得病死了,惠子去庄子家吊唁。结果发现庄子一个人盘腿坐在地上,敲着盆还唱起歌来。

惠子自认为很了解庄子,但这一幕还是突破了他的底线。他责问庄子:"你们夫妻一场,人家为你生孩子、操持家务,你就这么无情无义吗?老婆死了,你不哭就算了,还敲敲打打鼓唱起歌来,这也太过分了

吧！"

庄子的回答十分冷静，他说，他一开始也是悲伤的，但后来想开了。——所有的人最初都是没有生命、没有形体、没有气息的，后来才变成了有形、有气的所谓"生命"。几十年过去了，她又变回了原来的状态：没有气息、没有形体、没有生命，这不是和四季交替一样，是很自然的事吗？她现在安静地、自然地躺着，而我在这边呼天抢地哭得嗷嗷的，这也太不懂事了吧？所以我就唱起歌来了！④

如果说前两个故事有点好玩、有点玄妙，那这第三个故事是不是有点"毁三观"呢？可是听完庄子的回答，你是不是觉得很有道理，感觉自己也看透了生死、豁达起来了呢？

当然，可能也有人不这么看，他们认为庄子在妻子死后可以淡然自若，但他自己面临死亡时还会如此超脱豁达吗？我们来看看《庄子》杂篇《列御寇》中讲述的故事。

庄子将死之时，弟子们想要厚葬他。庄子却说：

> 吾以天地为棺椁，以日月为连璧，星辰为珠玑，万物为赍（jī）送。吾葬具岂不备邪？

他把天地当作棺椁，把日月当作双璧，将星辰视作珍珠，把万物当作送葬品，这些丧葬用品还不齐备吗？还有什么比这更好的呢？对此，弟子说担心乌鸦和老鹰会吃掉他的遗体。庄子的回答是：遗体放在地上要被乌鸦、老鹰吃掉，埋在地下要被蝼蛄和蚂蚁吃掉，你们把我从那边夺过来交给这边，为什么这样偏心呢？⑤

可见，在庄子心目中，人身与天地万物本质上为一体，顺应自然便也是其中的应有之义。他不仅如此说，更是如此践行的——所行所止唯任自然天性。

是的，庄子就是这么一个豁达的人。他认为人活在世上凡事都应该处之泰然，不但要看透生死，还要看透荣华富贵、功名利禄。他不是做不了大官，而是不愿做。他认为君主大多都是残暴的，伴君如伴虎，只能顺从，受伤的总是自己。庄子觉得这样的人生不值得，自由才是他一生追求的东西。

我们来看第四个小故事吧!

有一天,庄子在濮水边垂钓,楚王派两位大夫来请他去做官。庄子手持钓竿,头也不回,淡淡地问道:"我听说楚国有一只神龟,死的时候有三千岁了。楚王把它用丝巾包好,放在竹箱里,供奉在庙堂上,用来占卜。你们说,这只神龟是愿意为了获得尊贵的地位而死掉,还是宁愿活在泥浆里拖着尾巴爬来爬去呢?"两位大夫说:"这还用问吗?当然是活着啦!拖着尾巴在泥浆里爬来爬去也比死了强啊!"庄子说:"两位回去

吧！我就是那个泥里的乌龟呀！"⑥

宁可拖着尾巴躺在泥浆里，也不要成为功名利禄的奴隶。这和老子的"无为"差不多啊！

嗯，是差不多，但还是有所不同的。

世人常说"老庄"，显然他们都是道家的代表人物，而且庄子的思想是从老子那里继承来的。他们都尊重自然，崇尚无为，反对战争。但庄子比老子更轻视政治，而且极其重视养生。他说过一句很有意思的话："两臂重于天下。"（《庄子·让王》）乍一看还以为是说垂拱而治呢，其实跟治理国家一点关系都没有。庄子就是觉得，个人的健康重于一切，天下又是个什么东西！

老子说，"道可道，非常道"，但自己好不容易悟出来的智慧不传给后人太可惜了，于是写了五千字的《道德经》。庄子也一样，虽然恨不得遗世独立，但自己好不容易悟出来的道理还是要跟大家分享的。但跟老子不同的是，庄子这个人特别会讲故事。我们刚才读的四个小故事好玩吧？但这样的小故事，在他的书中简直举不胜举。

那他讲的故事都是什么样的呢？司马迁在《史记》中说他学识渊博，涉猎、研究的范围无所不包。他写了十多万字的著作，大多是寓言。他的语言汪洋恣肆，全都发之于自己的性情，所以王公大人想利用他，那是万万不可能的。

老子的著作是五千字，庄子的著作有十万字吗？可能有，但我们现在能看到的只有六万五千多字，名叫《庄子》，分为内篇、外篇、杂篇三个部分，一共三十三篇。《汉书》中说《庄子》本来有五十二篇，晋代一个叫郭象的人在给《庄子》作注时删成了三十三篇。到了宋代就更乱了，有人说只有内篇是庄子自己写的，外篇和杂篇都是后来的道家弟子冒充他老人家的名号写的。

说庄子是故事大王，不只是说他讲的故事本身有趣，你读了《庄子》原文就会明白，那文字真的不一般——那超越时空的想象

> 接下来，我会给大家讲一些《庄子》中有名的故事，但你最好找时间把这三十三篇都仔细读一读，看看到底是不是一个人写的。

力，那无拘无束、天马行空的思想，那流畅通达、一泻千里的文字，在文学上的成就不说是后无来者吧，至少是前无古人。

想一想

1. 在庄子拒绝楚王邀请的故事中，他通过"泥龟"的比喻表达了怎样的价值观？你觉得老子面对同样的邀请会有不同的回答吗？

2. 在"鼓盆而歌"这个故事中我们看到了庄子的生死观。你能理解并接受这样的生死观吗？跟父母谈一谈你的看法，也听听他们的看法。

有趣的小知识

不同文化，相似的生命智慧

庄子认为，人原本是没有气息、没有身体、没有生命的，就像自然界中无形无影的东西，后来变来变去，才有了生命。人生就像四季流转：春天来了，夏天会来；生命来了，死亡也会来。他觉得，死亡不是坏事，而是自然的一部分，所以不需要太悲伤。

这种通达的生死观，在不同文化传统中竟然奇妙地产生了共鸣。佛教说，人生是变化的，死了不是结束，而是换一种形式继续存在，所以很多高僧去世前都很平静，甚至还写诗告别世界；古希腊有些哲学家像伊壁鸠鲁、马可·奥勒留这些人认为，死亡就像睡觉一样，是自然的一部分，不用害怕，也不用难过太久；有些印第安人相信，死亡是回到大地母亲的怀抱，人的身体会变成泥土、植物、河流，继续滋养这个世界。这些跨越时空、地域的智慧，最终都指向同一个真理：死亡不是终结，而是生命以另一种形式延续的必然过程。就像落叶归根滋养新芽，人类的身体终将回归自然，参与永恒的循环。这展现了人类文明最动人的共通之处——当面对生死这一永恒命题时，不同文化最终都回归到了与自然共生的智慧。

注 释

① 昔者庄周梦为胡蝶,栩栩然胡蝶也,自喻适志与,不知周也。俄然觉,则蘧(qú)蘧然周也。不知周之梦为胡蝶与,胡蝶之梦为周与?周与胡蝶,则必有分矣。此之谓物化。(《庄子·齐物论》)

② 撑,方言,顶撞、反驳的意思。

③ 庄子与惠子游于濠梁之上。庄子曰:"鯈(tiáo)鱼出游从容,是鱼之乐也。"惠子曰:"子非鱼,安知鱼之乐?"庄子曰:"子非我,安知我不知鱼之乐?"惠子曰:"我非子,固不知子矣;子固非鱼也,子之不知鱼之乐,全矣。"庄子曰:"请循其本。子曰'汝安知鱼乐'云者,既已知吾知之而问我,我知之濠上也。"(《庄子·秋水》)

④ 庄子妻死,惠子吊之,庄子则方箕踞鼓盆而歌。惠子曰:"与人居,长子、老、身死,不哭,亦足矣,又鼓盆而歌,不亦甚乎!"庄子曰:"不然。是其始死也,我独何能无概然!察其始而本无生,非徒无生也而本无形,非徒无形也而本无气。杂乎芒芴之间,变而有气,气变而有形,形变而有生,今又变而之死,是相与为春秋冬夏四时行也。人且偃然寝于巨室,而我噭(jiào)噭然随而哭之,自以为不通乎命,故止也。(《庄子·至乐》)

⑤ 在上为乌鸢食,在下为蝼蚁食,夺彼与此,何其偏也!(《庄子·列御寇》)

⑥ 庄子钓于濮水，楚王使大夫二人往先焉，曰："愿以境内累矣！"庄子持竿不顾，曰："吾闻楚有神龟，死已三千岁矣，王巾笥（sì）而藏之庙堂之上。此龟者，宁其死为留骨而贵乎，宁其生而曳尾于涂中乎？"二大夫曰："宁生而曳尾涂中。"庄子曰："往矣！吾将曳尾于涂中。"（《庄子·秋水》）

| 第五讲 |

奇幻故事书《庄子》

前面我们介绍了庄子是个什么样的人,现在我们一起来读读这些小故事。

准备好了吗?系好安全带,我们跟庄子一起飞!

鲲鹏展翅

我们要读的第一个故事叫《逍遥游》。

逍遥,是悠然自得、无拘无束的样子。那么《逍遥游》的主人公是庄子本人吗?我们来看看故事的开端:

> 北冥有鱼,其名曰鲲。鲲之大,不知其几千里也。化而为鸟,其名为鹏。鹏之背,不知其几千里也。怒而飞,其翼若垂天之云。是鸟也,海运则将徙于南冥。南冥者,天池也。

原来故事说的是一只叫"鹏"的大鸟。这只鸟有多大呢？鹏的脊背，不知道有几千里长；它展翅高飞时就像天边的云一样一眼望不到边。有意思的是，这只大鸟是一条叫"鲲"的大鱼变成的，鲲有多大呢？也不知道有几千里之大，可以翻江倒海。

这里有个有趣的小秘密："昆"在古代有"小虫、小鱼"的意思，而庄子在想象中虚构了"鲲"——一种和"昆"发音相同但体型迥异的巨型鱼类。庄子为何要将常人心目中的"昆"变成体型增大了不知道几千几万倍的庞然大物呢？他没有基本的科学常识吗？

首先，那个时候根本没有"科学"这个概念。其次，我们不能忘记，庄子是老子的传人。在老子的心中，有一个始终存在、万古不灭的"大道"，老子、庄子以及无数老庄的传人，虽然表面上都是普普通通的人，但心中都装着"大道"。他们像鲲一样，虽然在现实世界中是小小的鱼儿，但内心深处，却是志存高远、追寻"大道"的勇士。小小的鱼儿，一旦心中有梦想，就可以变为鲲，化为鹏，扶摇直上九万里，看清楚世界本来的样子。

那么，这只大鹏鸟要飞到什么地方去呢？世界本来是什么样子的呢？

庄子说，鹏鸟要飞往天池去——天池就是南方的大海。据说，它起飞的时候，翅膀拍击水面，光是激起的波涛就长达三千里。波涛聚起乌云和狂风，它就乘着海面上的狂风盘旋而上，然后就一直飞一直飞，飞了六个月才停下休息。它在九万里高空上看到的是什么呢？春天的森林中，枝头上雾气蒸腾飘动，如同奔马；原野上空的尘埃弥漫飞扬，如同轻纱——而这些，都是大自然里各种生物的气息。[①]

原来,鹏鸟在九万里高处所看到的,是水天一色,是水气交融,是大自然,也就是老子所说的"大道"啊!

那么,这"大道"是人人都可以领略到的吗?庄子说,不是的。水不够深,就不能负载大船;你在门前倒杯水,别说船了,就连杯子都承托不起,只能浮起小小的草籽那么小的东西。同样,如果风聚集的力量不够雄厚,就托不起鹏鸟巨大的翅膀。②

想一想,拍起三千里的波涛,冲到九万里的高空,这得是多么大的威力!在没有现代科技的远古时期,庄子得有多么奇绝的想象力,才能把这一幕写得如此雄伟壮丽、震撼人心!

有趣的是,鹏鸟的壮举居然遭到了寒蝉和小灰雀的讥笑。

它们说:我浑身的力气都用上,也不过飞个几丈高,碰到树枝就摔到草丛中了。你看,摔了跤我就学聪明了,知道我飞翔的极限了,以后就再也不干这样的傻事了。这只大鸟是不是傻?它这是要飞到什么地方去呢?非要狠狠摔一跤才能学聪明吗?③

庄子写到这里忍不住插话了:你们这两个小东西懂什么!你们形体小可以原谅,但器量这么小就是你们的不对了!现在我就告诉你们小聪明和大智慧的不同!

他接着开始给小灰雀和寒蝉摆事实、讲道理:一、如果我们要去近郊游玩,带上一日三餐就可以了,晚上回来时肚子还是饱饱的;可是如果去千里之外,三个月前就得开始准备粮食。二、朝生夕死的菌类不懂得什么是一个月的时光,夏生秋死的寒蝉也不知道一年的时间是多长。可是,楚国南边的大乌龟,五百年对它来说只是春或秋这一季;上古传说中的大椿树就更厉害了,一个春天对它来说是八千年![4]

庄子话中有话啊!这些话是说给谁听的呢?是那些心胸狭隘的人,也是那些拿自己的格局和胸怀来揣测、评价追寻大道之人的人!在庄子的眼中,他们既可悲又可怜:有点小才智,当个小官,有人称赞他们的品行,国君满意他们的行为,就开始自得自满,觉得自己拥有全世界了,像鹏鸟一样"逍遥"了。那么事实是这个样子的吗?

庄子不同意。"逍遥"的门槛很高,不是谁都能够格的。

传说有个叫宋荣子的人,和这些被功名利禄牵绊的人有很大的不同。无论赞誉还是批评,都不能对他产生丝毫影响;他还能清楚地分辨出什么是外物,什么是内我,什么是荣誉,什么是耻辱;更重要的是,他生性淡泊,从不为世俗的名利所动,也从来不急切地去追求什么。他的行为算是逍遥吗?

庄子说,不算。因为在他的心里,还有"物"和"我"的界限。也就是说,他只在内心做到了"逍遥",不算是真正的逍遥。⑤

那列子算不算真正的逍遥呢？列御寇这个人，能够"御风而行"，身心一体，轻巧无比，已经把自己和风融为一体，超越了内外之分，比宋荣子的功夫更胜一筹，他算是达到逍遥的境界了吗？

庄子说：还是不算。因为列子只能在短时间内达到身心一体，十五天内就得返回，也就是说，他还是得凭借外物的力量，不能达到"无"的境界。⑥

> 有点饿了，飞够了回家吃饭吧。

那到底什么才算是真正的逍遥呢？庄子给了个标准：

至人无己，神人无功，圣人无名。

意思是有己而忘己，有功而忘功，有名而忘名。

有点玄，对吧？不愧是老子的传人啊！还记得《道德经》中说大道"生而不有，为而不恃，长而不宰"吗？大道生养万物，是自然而然的，从来不用造物主的态度居高临下地对待万物，更不会占有或要从中得到任何东西。这"无己、无功、无名"，其实就接近于大道，是最自然的品质。

嗯，好像清楚一点了！但这标准这么高，有人能做到吗？

> **想一想**
>
> 关于宋荣子、列子和至人的人生境界,你更向往哪一种呢?

尧让天下

中国传统文化中,有很多关于"圣人""神人""至人"的赞誉,其中,尧、舜、禹皆因有天下不居而让天下,被称为"圣王"。那么,庄子怎么看待他们呢?

我们接着听庄子讲的故事。

尧要把天下让给隐士许由。尧说:"您比我高明啊!您散发的是日月之光,而我只是小小的烛火;您是降落大地的甘霖,而我的能力只够灌溉一小片土地。国君这个位子我不配啊!您才是那个治理天下、造福万民的明君,请允许我把天下交给您!"许由回答说:"你已经把国家治理得很好了,是老百姓心里的明君。你名

副其实，我现在来代替你，不是浪得虚名吗？天下对我没什么用处啊，我为什么要这个虚名呢？"⑦许由的意思是说：圣人要做的是事，要忘的是名，现在我没做事你还要我去接受这个名，我怎么会答应呢？看，像许由这样，有圣人之能而不自以为有名，这就是"逍遥"的门槛之一："圣人无名"。

讲完了地上的故事，庄子又开始讲天上的故事。这个故事发生在肩吾和连叔的对话之中：

在遥远的姑射山上，住着一位神人，肌肤如冰雪般洁白，体态如少女般柔美，不食五谷，吸清风饮甘露，腾云驾雾，遨游于四海之外。他神情专注，可使世间万

物不受灾害影响，五谷丰登。这位神人的德行，已经和天地万物融为一体了。他在做这些事的时候，心中想的绝不是求得功名。这样一位拥有大自然力量的神人，威力无穷，外物没有什么能伤害他，滔天的大水不能淹没他，天下大旱纵能使金石融化，也并不能伤害他分毫。这样一位神人，他路过所留下的尘埃都能造出尧、舜那样的圣人来，又怎么会介意，甚至追求功名呢？[8]有功而忘功，这就是"逍遥"的门槛之二："神人无功"。

第三个故事很接地气：

北方的宋国有个生意人，想把北方人戴的帽子卖到南方的越国来赚钱。可他千算万算，没算到越国人是"断发文身"的，根本用不着帽子，于是大赔。

庄子讲这个故事，是在告诉我们，这个商人就像寒蝉、灰雀甚至尧帝一样，无法达到鹏鸟、许由那样的境界，离"无名、无功"的境界太远，所以才会以己度人，以自己的感受去判断天下一切事物，这和井底之蛙又有什么区别呢？

要把天下让给"不以名为名"的许由的尧，后来有机会去姑射山见到了神人，他恍然大悟，终于了解了什么是"无名"和"无功"，忘记了自己是一国之君。⑨

尧帝忘记了自己是国君，这算是"至人无己"吗？我们接着听故事。

无用之用

记得我们之前谈到的惠子吗？就是庄子的好朋友惠施，庄子丧妻鼓盆而歌时斥责他的那位朋友。惠子也不是无名之辈，他曾做过梁惠王的宰相。他对庄子的学说很不认同，于是千方百计寻找机会讽刺庄子。

我看不中用的是你的脑子！

你看这个中看不中用的东西！

有一天，惠子对庄子说："魏王送了我一些种子，结出果实来吓我一跳——原来是大葫芦啊！这葫芦也太大了，大到干啥啥不行！用来盛水浆吧，它承托不了这个重量；剖开当水瓢吧，它简直比水缸还要大！这么个没用的东西，都找不到地方放，只好砸了它！"

这是在讽刺庄子的学说大而无用吗？赤裸裸的挑衅啊！我们来看庄子的回答。

庄子说："惠先生啊，你实在是不善于使用大东西啊！我给你讲个故事吧：宋国有家人，祖祖辈辈靠漂洗丝絮为生，而冬天还能继续干这个活，是靠一种预防皲手的药物。有个外地人听说了这件事，愿意用一百两金子来买这个祖传秘方。一百两金子啊，普通人一辈子都挣不到这么多钱！于是全家人商量后决定卖掉药方。那个外地人拿到药方，转手献给了吴王。当时吴国和越国正在水上交战，这个人让吴国所有的士兵都抹上防冻药，结果吴军大胜。吴王大喜，赐地来封赏这个人。你看，同样的药，有人用它来获得封赏，有人却只能靠它在冰冷的水中漂洗丝絮，这是因为使用的方法不同啊！话说回来，这个大葫芦你居然不知道怎么用，我给你支个招吧！你给葫芦系根绳子，做成腰舟，就可以悠悠然浮游于江河湖海之上了，岂不逍遥？惠先生啊惠先生，看来你还是脑洞太小啊！"⑩

想讥讽别人反而被别人占了上风，惠子简直太郁闷了！他不能放弃，于是再接再厉战斗下去。他接着给庄子讲故事："有棵大树，大是真大，但树干疙里疙瘩，树枝歪歪扭扭。这棵树就生长在路边，但木匠走过都不会多看它一眼，因为太差了，不符合选材的标准呀！你知道吗，你的学说就像这棵大树一样，大而无用，最终会遭人抛弃的！"

　　庄子不慌不忙，回答说："惠子啊惠子！你怎么只会从一个角度来考虑问题呢？你考虑问题怎么总是从自身出发呢？你见过野猫和黄鼠狼吗？它们低着身子匍匐于地上，耐心等待那些出洞觅食的小动物，好不容易等到了，上蹿下跳，以为终于捕获到猎物了，没想到却中了猎人的圈套，落得个死于猎网之中的下场。你再看那牦牛，每天什么也不干，就在旷野上优哉游哉地吃草。牦牛的体型大得像天边的云，比野猫和黄鼠狼大多了，也从不费心去捕捉老鼠，当然也不

会落得和野猫、黄鼠狼一样的下场呀！你现在有这么大一棵树，却担忧它没有什么用处。你为什么不把它栽种在无边的旷野里呢？这样就可以悠然自得、无拘无束地在树下散个步、打会儿坐、睡个小觉啥的。而且你想呀，这棵树这么大，生于"无何有之乡，广莫之野"，就不会遭到刀斧砍伐，也没有什么东西能伤害它。作为一棵树，能自由自在地在大自然中得享天年，这不是挺理想的结局吗？"[11]

读到这里，我们不得不佩服庄子的雄辩能力。在今天的我们看来，庄子的脑洞真够大的，想象力也无比丰富，但把大葫芦当作腰舟用它去漂流，把大树移栽于旷野，都只能是个想法而已。但庄子给惠子提出的这两个建议，重点不在于"有用"和"无用"，而在于"有己"和"无己"。世人之所以用有无用处来看待万物，就是因为人心中的"己"太大，也就是太自我。把自己看得太重要，时时刻刻从自己的角度去看世界，就必然会在意万事万物对自己来说"有用"或"无用"。但我们换个角度来看，在这个世界上万物本来就各有天性，就说那棵大树吧，长得疙里疙瘩、弯弯曲曲是它的天性，它生来就是这个样子，我们为什么非要给它贴上有用或无用的标签呢？其实我们读《道德经》的时候就学习过，无为就是有为，无用也就是有用。那棵大树如果不是对世人无用，不是早就被砍伐了吗？而正是因为"无用"，它才得以免遭人为的祸害，顺其天性而生长，自在而逍遥。作为一个人，如果要追寻大道，就必须做到心中无我，才能真正实现"逍遥"。这，就是庄子所说的首要境界，"至人无己"。

读到这里，大家应该明白了吧，庄子和老子一样，追寻的是天地万物的本源，也就是"道"。老子的理想世界是"小国寡民，鸡犬相闻，老死不相往来"的世外桃源；而庄子的理想世界，在深邃的海洋之下，在壮阔的九天之上，在广袤无垠的旷野之中。虽然庄子的理想世界看起来更大、更深、更广，但两者的核心是一样的：理想的世界，应该是没有功名利禄，也没有是非贵贱，更没有征战与杀戮的。它是平和的，宁静的，和谐的，这也就是世界本来的样子。作为人类，要想解放自己的内心，做一个精神上逍遥的人，就要放下名利，放下建功立业的野心，放下自我，尊重自然并顺应自然。

恭喜你，你终于明白"大道"的精髓了，距离"逍遥"越来越近了！

想一想

1. 庄子说"无用之用，方为大用"。你有没有做过什么在别人眼里没意义、浪费时间的事，后来却发现对你自己很重要？

2. 庄子批评惠子"太有自己"，总是从"对我有用/无用"的角度来看待世界。你有没有以"我喜欢不喜欢""我有没有收获"为标准的时候？结果如何？如果不以自己的喜好为标准，还有其他什么标准吗？你尝试过吗？结果又如何？

3. 庄子说，把大树栽在"无何有之乡，广莫之野"，才能远离伤害，自在生长。你愿意过那样宁静孤独的生活吗？想象一下，在没有喧嚣、没有评判、没有竞争的地方，是什么感觉？你是属于"闹市"型还是"旷野"型的人？

有趣的小知识

"逍遥"是躺平吗？

电影《阿甘正传》中的阿甘是一个有智力障碍的人，但他并没有放弃生活，而总是通过自己独特的方式迎接人生的挑战。在跑步时，他没有设定目标，却以意想不到的方式成为"长跑传奇"。他虽然看似"傻乎乎"的，但以顺其自然、坚持做自己能做的事情的态度，创造了属于自己的人生价值。阿甘不会因为生活中的压力而不再追求自己的梦想或目标，也不会认为自己无力改变社会、环境或自己的人生轨迹，从而选择减少努力，放弃自我成长的机会。他的"逍遥"不是无所作为，而是顺应自己的内心，不被社会的期待所束缚。他通过持之以恒的行动，诠释了"逍遥"的真正含义——在面对人生的波折时，不断前行，随遇而安。可见，"逍遥"并不是简单的放弃，而是从容面对生活，在困难和挑战中依然保持自我，寻找内心的自由。而"躺平"则是逃避责任和挑战，对生活麻木、消极，最终会失去成长的机会和人生的动力。

注释

① 《齐谐》者，志怪者也。《谐》之言曰："鹏之徙于南冥也，水击三千里，抟扶摇而上者九万里，去以六月息者也。"野马也，尘埃也，生物之以息相吹也。天之苍苍，其正色邪，其远而无所至极邪？其视下也，亦若是则已矣。（《庄子·逍遥游》）

② 且夫水之积也不厚，则负大舟也无力。覆杯水于坳堂之上，则芥为之舟，置杯焉则胶，水浅而舟大也。风之积也不厚，则其负大翼也无力。（《庄子·逍遥游》）

③ 蜩（tiáo）与学鸠笑之曰："我决（xuè）起而飞，抢榆枋，时则不至，而控于地而已矣，奚以之九万里而南为？"（《庄子·逍遥游》）

④ 适莽苍者，三餐而反，腹犹果然；适百里者，宿舂粮；适千里者，三月聚粮。之二虫，又何知！小知不及大知，小年不及大年。奚以知其然也？朝菌不知晦朔，蟪蛄不知春秋，此小年也。楚之南有冥灵者，以五百岁为春，五百岁为秋；上古有大椿者，以八千岁为春，八千岁为秋，此大年也。而彭祖乃今以久特闻，众人匹之，不亦悲乎？（《庄子·逍遥游》）

⑤ 故夫知效一官，行比一乡，德合一君而征一国者，其自视也，亦若此矣。而宋荣子犹然笑之。且举世而誉之而不加劝，举世而非之而不加沮，定乎内外之分，辩乎荣辱之境，斯已矣。彼其于世，未数数然也。虽然，犹有未树也。（《庄子·逍遥游》）

⑥ 夫列子御风而行，泠然善也，旬有五日而后反；彼于致福者，未数数然也。此虽免乎行，犹有所待者也。若夫乘天地之正，而御六气之辩，以游无穷者，彼且恶乎待哉！（《庄子·逍遥游》）

⑦ 尧让天下于许由，曰："日月出矣，而爝（jué）火不息，其于光也，不亦难乎！时雨降矣，而犹浸灌，其于泽也，不亦劳乎！夫子立而天下治，而我犹尸之，吾自视缺然，请致天下。"许由曰："子治天下，天下既已治也，而我犹代子，吾将为名乎？名者，实之宾也，吾将为宾乎？……"（《庄子·逍遥游》）

⑧ "'藐姑射之山有神人居焉，肌肤若冰雪，绰约若处子，不食五谷，吸风饮露；乘云气，御飞龙，而游乎四海之外；其神凝，使物不疵（cī）疠（lì）而年谷熟。'吾以是狂而不信也。"连叔曰："然，瞽者无以与乎文章之观，聋者无以与乎钟鼓之声。岂唯形骸有聋盲哉？夫知亦有之。是其言也，犹时女也。之人也，之德也，将旁礴万物以为一，世蕲（qí）乎乱，孰弊弊焉以天下为事！之人也，物莫之伤，大浸稽天而不溺，大旱金石流、土山焦而不热。是其尘垢秕（bǐ）糠，将犹陶铸尧舜者也，孰肯以物为事！……"（《庄子·逍遥游》）

⑨ 宋人资章甫而适诸越，越人断发文身，无所用之。尧治天下之民，平海内之政，往见四子藐姑射之山、汾水之阳，窅（yǎo）然丧其天下焉。（《庄子·逍遥游》）

⑩ 惠子谓庄子曰:"魏王贻我大瓠(hù)之种,我树之,成,而实五石;以盛水浆,其坚不能自举也;剖之以为瓢,则瓠落无所容。非不呺(xiāo)然大也,吾为其无用而掊(pǒu)之。"庄子曰:"夫子固拙于用大矣。宋人有善为不龟手之药者,世世以洴(píng)澼(pì)絖(kuàng)为事。客闻之,请买其方百金。聚族而谋曰:'我世世为洴澼絖,不过数金;今一朝而鬻技百金,请与之。'客得之,以说吴王。越有难,吴王使之将;冬,与越人水战,大败越人,裂地而封之。能不龟手一也,或以封,或不免于洴澼絖,则所用之异也。今子有五石之瓠,何不虑以为大樽而浮乎江湖,而忧其瓠落无所容?则夫子犹有蓬之心也夫!"(《庄子·逍遥游》)

⑪ 惠子谓庄子曰:"吾有大树,人谓之樗(chū)。其大本臃肿而不中绳墨,其小枝卷曲而不中规矩,立之涂,匠者不顾。今子之言,大而无用,众所同去也。"庄子曰:"子独不见狸狌乎?卑身而伏,以候敖者;东西跳梁,不辟高下,中于机辟,死于罔罟(gǔ)。今夫犛(lí)牛,其大若垂天之云。此能为大矣,而不能执鼠。今子有大树,患其无用,何不树之于无何有之乡,广莫之野,彷徨乎无为其侧,逍遥乎寝卧其下;不夭斤斧,物无害者,无所可用,安所困苦哉!"(《庄子·逍遥游》)

| 第六讲 |

蝴蝶的变身：
庄子的《齐物论》

我们已经读过庄子的代表作《逍遥游》，今天来学习一下他的另一篇代表作《齐物论》。

"齐物"＋"齐论"＝"齐物论"

《齐物论》讲的是什么内容呢？是讨论"齐物"这个主题吗？答对了一半。这篇文章不但讨论了"齐物"，还讨论了"齐论"。

什么？还有这样的文章标题啊？是的。庄子就是庄子，与众不同。

庄子认为世间万物看起来千差万别，但归根结底是一样的，没有是非、美丑、善恶、贵贱之分，没有什么差别，这就是"齐物"。同样，人们的看法和观点看起来也是千差万别，但归根结底也没

> 我们读《逍遥游》的时候已经被"无名""无功"和"无己""玄"得晕头转向了。这篇更玄，但非常有趣。让我们一起集中精神，来看看庄子又有什么奇思异想吧！

有是非对错或不同，这就是"齐论"。两个词加起来，就是这篇《齐物论》了。

"吾丧我"

《齐物论》里第一个出场的人物叫南郭子綦（qí）。他靠着几案坐着，仰着头向天慢慢地吐气，看起来像是精神已经飘浮在躯壳上空。他的学生颜成子游觉得不对劲，就问他："我看您今天打坐跟以往不一样啊！您坐在这里，身体就像是干枯的树木，我感觉您的心神也跟死灰一样呢！您这是怎么了？"

老师……

嘘……别说话，我在聆听宇宙的天籁。

子綦说:"好问题啊!你说得对,我今天是跟以前不一样,今天的我丧失了自己!"子游表示完全听不懂。于是南郭子綦说:"你听说过人籁、地籁和天籁吗?"子游更是一头雾水了。

于是南郭子綦解释说:"籁就是声音的意思。咱们先说说最容易理解的地籁吧!世界上有各种各样的空穴、孔窍,山洞是,山林中古老的树木之上也有形状各异、大小不一的洞,有的像嘴巴,有的像耳朵,有的像杯口,有的像米缸的缸口,等等。风吹来的时候,这些空穴、孔窍就会发出各种各样的声音,有的像潺潺的水流声,有的像射箭时嗖嗖的声音,还有的像动物在哀嚎……风大的时候这些声音也大,风小的时候这些声音也小,风停的时候这些声音也就消失了。这些声音,就叫作地籁。现在问题来了:为什么风声会有这么多不同的声调呢?你能听出各种声响发生的原因吗?"

子游总算是听懂了一点点。他说:"如果老师您刚才说的是地籁,那么人籁就是人吹奏乐器的声音吧?我猜啊,大地是在借助万物之窍发出的唱和声来表达自己的本意,人也是借助或消沉或激昂的音乐声来表达自己

第六讲 | 蝴蝶的变身：庄子的《齐物论》

的情绪。但天籁又是怎么一回事呢？天要靠什么声音来表达自己的本意呢？"

南郭子綦选择不回答这个问题。他自言自语："是谁让它们发出这些声音的呢？不是风，不是人，什么都不是，是它们自己。"①

读到这里，同学们是不是能理出头绪来了？风本来没有声音，但因为那些山洞、树洞形状各异，所以风才会发出不同的声音，于是出现了地籁；乐器本身也没有感情，但吹奏乐器的人带着感情去吹奏，我们就能听出乐曲中感情的变化，于是人籁就出现了。现在设想一下：如果世界上没有形状各异的孔窍，如果人没有吹奏时的目的或感情，那我们刚才谈到的风声或乐声还会存在吗？不会，如果是这样，世界将陷入一片沉寂——这就是天籁啊！所以准确地说，天籁就是自然本来的状态——无声的状态。

那么，"吾丧我"和天籁、地籁、人籁又有什么关系呢？

要不我们来复习一下《逍遥游》，也许会对理解这个问题有点帮助。

庄子在《逍遥游》中告诉我们，如果想在精神世界中实现真正的自由，就必须做到"无名""无功""无己"。那我们可不可以这样理解——如果世界上的各种空穴放弃了形状"不一"，如果人放弃了主观情感或不一致的观点，不追求功名，甚至能进入"吾丧我"的境界，那真正的"大道"就会出现在我们面前吗？这个"天籁"，实质上就是"大道"的真正面目吗？所以，人无法接近大道，原因不在别处，全在自身。

第一个故事到此为止。接下来庄子不讲故事了，开始讲课。

"以明"

庄子生活在春秋战国时期，当时百家争鸣，派别林立。每个人都觉得自己是对的，别人是错的，唇枪舌剑，争论不休。庄子怎么看待这些事呢？他说：才智超群的人广博豁达，才疏学浅的人则斤斤计较；和于大道的言论像猛火般威力强大，而那些卖弄技巧的所谓才学不但琐碎凌乱，还没完没了。这些人无论是在睡梦中还是在跟外界接触时，都免不了钩心斗角。看看他们过的是什么样的日子吧——不是做事敷衍迟缓，就是故作高深；不是过分谨慎，每一句话都要深思熟虑后才开口，生怕遭到别人的耻笑，就是一开口就像是在放毒箭，尖酸刻薄，生怕不能置对方于死地。

这些人情绪大起大落，一点点小事都能让他们惴惴不安，大事发生的时候就更不用说了，那就是丧魂落魄啊。他们时而狂喜，时而愤怒；时而欢乐，时而悲哀；忽而扼腕叹息，忽而忧思重重。他们那躁动轻浮、奢华放纵、造作虚伪的样子，自己看不到，也感觉不到吗？②

当局者迷，旁观者清。庄子冷眼旁观，看清了这一切怪现状的根源——就是一个"我"字。他说：如果没有"我"，人们根本不会有那样的表现；人们把"我"当成人生头等大事，想方设法去满足自己的需求，要努力，要奋斗，要富有，要渊博，要成功，千方百计要实现所谓的自我。可是结果是什么呢？每天把时间花在与人争论、钩心斗角上，处心积虑地钻营，表面上看起来每天都很充实，每天都在进步，但身体与心灵却如同被绳索捆住，日益衰败，像秋天的草木般快速走向死亡，而且再也不能恢复生机，这难道不可悲吗？等到肉身死亡那一日，精神随之消散，追求的一切也都会烟消云散。这么明白的道理，难道世人都不明白吗？我都要糊涂了：到底是世人糊涂，还是我糊涂呢？③

听庄子这番话，就好像在看一幕舞台剧。而他导演这幕舞台剧的真正目的，是要让世人把"我"从生活中抽离出来，看清楚生活中这些看似真实的事物或情感，

其实都出自虚无。世人一生所追求的功名利禄、自我实现,归根结底都是大梦一场,本质上都是虚无;而只有放弃虚无,做到心中万事皆"无",无功,无名,无己,才能真正拥有世界上最真实、最本源、最有价值的"大道"。

庄子苦口婆心的教导,你听得进去吗?能全部接受吗?不容易吧!对,当时的人也是一样,何况在那个百家争鸣的时代,信息量太大,要学习的东西太多太杂!

但庄子觉得只要把道理讲透彻,世人并不是无药可救的。于是他接着给我们讲故事。这个故事大家也许已经听过了,叫"朝三暮四"。

养猴的人给猴子分橡子,说:"早上给三升,晚上给四升。"猴子们很不满,上蹿下跳,吱吱乱叫,表示抗议。养猴人灵机一动,说:"那好吧,早上四升,晚上三升。"猴子们狂喜,表示这比上一个选择好太多了![4]朝三暮四和朝四暮三本质上是一样的,可为什么会有不同的结果呢?最重要的是,庄子为什么要给我们讲这个故事呢?

少年爱哲学：柔与刚的较量

庄子认为，同一件事物，世人之所以有不同的看法，以至于争论不休，是因为把"我"看得太重，看事物之前就先有了自己的判断。如果把自己内心的判断当成黑白、是非、对错的标准，那么所有的结论都是主观的。每个人心中的"我"都是独特的、与众不同的，那么每个人对同一事物得出的判断就必然是千差万别的，这就是争论产生的根源。如果我们换位思考，从对方的角度去看事物，就会得出不同的结论。如此看来，这些判断和结论都没有任何价值，你眼中的黑却是我眼中的白，你觉得是对的，而我却觉得是错的——那我们非要争出个是非对错又有什么意义呢？

且慢，庄子是什么意思？他是说万物的本质都是一样的吗？也就是说，世界上根本没有黑白、是非、对错、有无的分别吗？或者说，每件事物内部都包含着对立面，而相互对立的两个方面其实是能互相转化的？对呀，世界上的万事万物都瞬息万变，昨日的谬论就是今日的科学，这种事情从古到今发生得还少吗？这样看来，庄子是在帮我们纠正看问题的角度：如果你不用对立的观点看事情，其实就等于站到了"大道"的中心，不但可以看清自己，还可以看清对方和周围的一切，待人接物就能以不变应万变，因为变好变坏都是变化，就像拇指食指都是手指、白马黑马都是马一样。所以庄子说："天地一指也，万物一马也。"但可惜的是，世人不明白这个道理啊！所以"朝三暮四"的故事每天都在发生。

那圣人会犯这样的错误吗？不会，庄子说，圣人之所以为圣人，就是因为他们胸怀大道，不会从主观角度看事情。比方说造房子，平常人看到的是房子造起来了，而圣人能看到在房子造起来的同时，大树被砍伐、被毁坏了。所以进步就是破坏，破坏就是进步。我们常说"旧的不去，新的不来"，或是"取就是舍，不舍不得"，其实也是一样的道理。圣人看透了这一点，就能以平常心看待世间一切；而世人陷于无限的争斗之中，就悟不出大道，所以才活得如"朝三暮四"的猴子一般愚昧。

读到这里，有同学可能要举手了：庄子在这里推崇的"圣人"，是孔子吗？不不不，这里的圣人跟我们说的孔圣人完全是两码事。其实，读完《庄子》这本书，你会发现，孔子就是庄子树起的一个靶子，有事没事就打两枪，明讥暗讽一起上。而且庄子是个讲故事的小能手啊，他把孔子和孔子的弟子编在各种故事中加以嘲笑和打击，我们会在《庄子》的其他小故事中发现这一点。

现在，让我们回到《齐物论》。

读到这里，我们已经明白庄子是怎么看世界的了。

第六讲 | 蝴蝶的变身：庄子的《齐物论》

> 世界上的万事万物都有自己的独特之处，人的思想也是千差万别的。

▼

> 这千差万别引起了无休止的争论，但这些是非之争都是没有价值的。为什么这么说呢？

▼

> 因为所有事物都有对立的一面，也都有统一的一面；万事万物都在变化之中，而且都在向对立的那一面转化。也就是说，万物各有其特点，但从本质上来说是一样的。

▼

> 既然世间万物都是"齐一"的，那么区别是非就没有必要，才智也就没有价值了。

▼

> 那么，我们应该怎么看世界呢？

▼

> 看世界不能从"我"出发，而是要先放弃"我"，才能认清世界本来的样子。

那么，我们生活的世界原本是什么样子呢？

听说古时候的人对事物的认识达到了三种境界：古人认知的最高境界是认识到"从未有过物的存在"，更不用说"我"了。这样的认识是最了不起的。还有一些人有"物"的概念，但觉得甲乙丙丁各物都是物，没有差别，也没有界限。这是第二等境界。后来有人开始把物与物区别开来，但还没有是非、对错、美丑这些判断，这是更次一等的境界。再后来，人们开始根据自己的主观感受来判断善恶、美丑的时候，人内心的大道就开始被私欲和偏爱一点点蚕食了。⑤

庄子接着拿昭文、师旷、惠子这三位大师来做反面教材，告诉我们偏爱与私欲的危害。

昭文善于弹琴，师旷精于音律，惠子最擅长的是靠着梧桐树高谈阔论。这三位大师的才智可谓登峰造极。但昭文只爱弹奏自己偏爱的曲子，其他的声音不就没机会被表现出来了吗？还不如干脆不弹呢，这样至少所有的声音都还停留在最自然的阶段，那就是"大寂无声"的天籁呀！师旷和惠子也是一样，从世俗的眼光来看，他们是成功的。但仔细想一想，就发现他们所有的成就都来自对音律和辩论的偏爱，而这种偏爱是属于他们自己并且无法强加给他人的。你看，师旷希望自己的儿子子承父业，结果怎么样呢？他的儿子在音乐上毫无建树。惠子这个人更讨厌，总是喜欢跟人辩论，逼迫别人同意自己的看法，自以为很聪明，其实到死都是愚昧的。

读到这里，你是不是觉得庄子有点毒舌？呵呵，好朋友不但要为对方两肋插刀，还要互相批评，彼此互损。不过庄子对三位大师的吐槽非常有力地论证了自己的观点：试图用超凡的技艺来解释"道"，最终只能沦为炫技，永远无法获得真正的"道"，而真正有智慧的人却往往顺应自然、安于平常，看似平凡，实则洞悉得"道"。⑥

我们只能说，庄子是人不是神，所以他也无法避免人会犯的错误。他要说什么呢？

他说，在"时间"这个概念存在之前，时间这个东西就已经存在了；而在时间这个东西存在之前，"没有时间"这个东西就已经存在了。在"有"和"无"的概念存在之前，"无"就已经存在了；而在"无"这个概念存在之前，"没有无"就已经存在了。……⑦（此处省去烧脑的三千字。）

他老人家接着开始发问：那么，"有"和"无"是什么时候开始存在的呢？世人所认为的"有"和"无"，是真正的"有"和"无"吗？

（台下一片死寂，没人敢与庄子有任何目光接触。庄子只好下课三分钟，让大家整理一下思路。）

我们趁下课总结一下。庄子刚才这番话，其实是换了种说法在谈大道。一切都是在混沌一片的虚无中产生的，包括人的思想，尤其是人所创造的种种概念。但无论是有形的物体、无形的思想还是有声的言论，都来自虚无，本质上都是一样的。再夸张一点，无论是刚出生的孩子还是老寿星彭祖，无论是秋天动物身上的毫毛还是看不到边际的泰山，世人所谓的老少与大小，本质上也是一样的。⑧

所以庄子自己总结说：

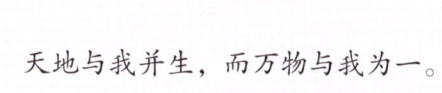

> 天地与我并生，而万物与我为一。

显然，他已经领悟了大道的真谛。可是为了避嫌，不犯惠子夸夸其谈的错误，他反复强调：大道是不可言说的，说清楚了就不是大道了。尤其不能用来辩论，用来辩论就违反了大道的宗旨。⑨

此处要跟大家交代一下：庄子除了是老子的传人外，还是故事家、思想家、文学家、诡辩家！惠子和庄子交手，可以说是自取其辱。

> **想一想**
>
> 生活中，我们总是过多强调事物之间的差异，你能找出看似不同的事物之中蕴含的相同本质吗？

"葆光"

前面说到，大道不可说，可说的就不是大道了。人一开始讨论大道，就会引发无休止的争论。大道是一，加上讨论就成了二，再加上争论就成了三，然后是四、五、六，直至无穷，没完没了。那么，圣人从来不谈论"道"或任何别的话题吗？不谈是不可能的，但谈论的方法和角度和常人是不一样的。如果谈天地四方宇宙之外的事，圣人会保留自己的看法，不加任何陈述；宇宙之内的事呢，圣人虽然研究过并且有一定的了解，却也不随意发表见解；至于对历史上明君的言行，圣人会评论，但绝不与人辩论。

为什么圣人会这么做呢？

圣人之所以为圣，是因为他们能看到事物的两面，知识渊博，胸怀宽广，不需要用争辩来显示自己的高明。而庸人之所以平庸，是因为孤陋寡闻，却还想通过争辩来展示自己的才华。殊不知，到处称颂的就不是大道，用语言来实现的辩论不会有说服力；能表示出来的仁爱不是真的仁爱，而廉洁到过分清白，会让人怀疑是否真实。同样，最勇敢的人，从来不会伤害他人。如果上面所说的这五件事都能做到，那就接近大道了。⑩

庄子接着说，一个人如果能止于自己所不知道的地方，那就是最高的境界。一个人如果懂得无言之辩、无道之道，他的心就会像海洋一般，无论注入多少东西也不会满盈，无论取出多少东西也不会枯竭。这些东西是哪里来的呢？我们不知道，这就叫"葆光"，潜藏不露的光亮。⑪

"葆光"，这是圣人心智的状态啊！世人又有几人能做得到呢？

接下来，庄子又给我们展示了另外一则对话：

齧缺问王倪：世间万物有共同之处吗？——王倪：

我怎么知道。

那你知道你所不知道的东西吗？——我怎么知道。

你什么都不知道，那我们就无法了解万物了吗？——我怎么知道。虽然我不敢说自己知道，但我还是试着来回答一下你的问题吧。你怎么知道我所说的知道不是不知道呢？你又怎么知道我所说的不知道不是知道呢？我还是先问你几个问题吧！

人睡在潮湿的地方就会腰疼甚至半身不遂，泥鳅也会这样吗？人爬到高高的树上就会心惊胆战、惶恐不安，猿猴也会这样吗？那么，人、泥鳅和猿猴，谁最有资格制定住所的标准呢？

人吃肉，麋鹿吃草，蜈蚣吃蛇，猫头鹰和乌鸦吃老鼠，那么，人、麋鹿、蜈蚣、猫头鹰和乌鸦这五类动物，谁才懂得什么是真正的美味呢？

再看看动物是怎么择偶的吧。麋与鹿交配，泥鳅与鱼交尾。毛嫱和丽姬，是人尽皆知的美女，可是鱼儿见了她们马上潜入水底，鸟儿见了她们迅速飞向天空，麋鹿见了她们撒开四蹄飞快地逃离。人、鱼、鸟和麋鹿，哪个能决定评判美色的标准呢？

同理，仁义道德，是非对错，功名利害，纷繁杂乱，我怎么知道它们的分别呢？

齧缺听得一头雾水，只好说："我知道你是凡人，不了解世间的利害。可是你刚才说的这些乱七八糟的，难道至人也不知道吗？"

王倪回答说："至人当然知道啊！至人不是凡人，他早已进入物我两忘的境界，大火焚烧不能灼伤他，河水冰冻不会让他感到寒冷，雷霆劈开山峰、狂风翻江倒海，他也不会有丝毫惊惧。正因如此，他才

能驾祥云、乘日月，在四海之外遨游。对于至人来说，死和生都不能对他产生丝毫影响，何况利与害这些微不足道的事呢！"⑫

让我们停下来消化一会儿。

在这则对话里，庄子以安家、觅食、择偶、审美为例，具体、生动地说明了一个普世的道理：万物没有共同的标准，世人的争论也是如此。王倪的"不知道""试着回答一下"，不就是我们刚才谈到的"葆光"吗？有勇气说自己不知道，对自己不完全了解的事物只描述、分析而不评判，这正是庄子所提倡的认识世界的态度。我们再回头看看啮缺，打破砂锅问到底，咄咄逼人，一定要问出个是非判断。在他的世界里，事物都是非黑即白、非是即非的，他把认识事物的重点放在了强调"不同"上，所以才会觉得"朝三暮四"和"朝四暮三"完全不同，这不是很可笑吗？

刚才我们谈到，在圣人的世界里，利害其实是没有分别的。那么，生死也是一样的吗？我们来看下面这段描述：

丽姬是艾地封疆守土之人的女儿，被晋国俘获时，

第六讲 | 蝴蝶的变身：庄子的《齐物论》

她哭得泪水浸透了衣襟；可到晋国进了王宫，当了王妃，吃上了美味珍馐，她才开始后悔，当初不该那么伤心地哭泣。⑬

　　庄子讲完这个故事，开始问大家：听了丽姬的故事，你怎么知道那些死去的人不会后悔当初贪生怕死呢？睡梦里饮酒作乐的人，醒来后很可能失声痛哭；睡梦中痛哭的人，天亮醒来后可能开开心心去打猎了。人在做梦的时候往往并不知道自己是在做梦，醒来以后，脑子清醒的时候才知道刚才在做梦。有的人更过分，还

· 147 ·

要请人去解梦，占卜梦的吉凶。愚昧啊！聪明的人知道人生本身就是一场大梦，而愚昧的人则自以为清醒，好像什么都知晓、什么都明了。

庄子在这里停下来，感叹道：我说这些话，又何尝不是一场梦呢？你们都觉得我是个异类，但我这些话也不是说给你们听的，后世的大圣人会理解的！⑭

庄子觉得梦里梦外还没把听众的脑子搞乱，又接着说：你们知道我为什么不跟人辩论吗？没有意义啊！如果我辩论赢了，我就一定是对的吗？如果你们输了，你们就一定是错的吗？谁来评判对错呢？裁判如果跟胜的一方意见相同，那他怎么有资格来做裁判呢？如果裁判跟胜败双方意见都不一致，那他又拿什么标准来做裁判呢？这个世界本来就不是绝对的，你觉得是对的，我却觉得是错的；你觉得死很可怕，我却觉得死是回归大自然；你觉得我没升官没发财很失败，我却觉得自己回归田园、读书品茶很惬意、很放松，没升官发财对我来说反而是成功……人怎么能只用自己对世界片面、绝对的认知来认识世界、判断事物呢？生与死，梦与醒，有区别吗？需要争辩吗？忘了吧，忘了吧，忘却生死，忘却是非，忘却名利，忘却一切外物，甚至忘却自己，回到大自然这个最本真的存在，融入大自然，便是回到了"逍遥"的境界，物我两忘，实现身体与精神上的双重自由。⑮

读到这里，如果你已经忘却自己，来到了大自然中，你是否觉得自己已经变成了一只翩翩飞舞的蝴蝶，轻轻地扇动着翅膀，在花丛中、山谷里自由地飞翔？陪伴你的或是晨雾，或是暮霭，又或是洒在灌木丛中的一缕阳光……这一刻的感受，庄子一定也曾有过，是在睡梦里吧？不然为什么醒来后会陷入幸福的迷乱中呢：到底是庄周梦见了蝴蝶，还是蝴蝶梦见了庄周？又或者，庄周就是蝴蝶，蝴蝶就是庄周？万物不是可以互相转化的吗？

《齐物论》就在这里戛然而止。

还记得南郭子綦这个人吗？对，就是那个喜欢打坐、偶尔能够做到"吾

> 《齐物论》不是《庄子》中最生动、最有趣的一篇，但恭喜你，你刚刚读完了最烧脑、最需要你去聚精会神阅读、认认真真思考的一篇。要不要再重读一遍、回味一下呢？

丧我"的人。你觉得他跟庄子是不是有点像？一个是神游中忘却了自己，一个是睡完觉分不清自己和蝴蝶，这貌似神神道道的两个人，是不是真正领略了"大道"的大神呢？

想一想

1.读完《齐物论》，你对"朝三暮四"这个词有了什么不同的认识？

2.有人说，庄子提出"齐是非"就是混淆了是与非、黑与白的界限。你是怎么看待这个问题的？

3."吾丧我"是一种什么样的境界？你有过这样的时候吗？回想一下，写下来，再回来读一读《齐物论》，看看有什么发现。

有趣的小知识

庄子在《齐物论》中反问:"人睡在潮湿处会生病,但泥鳅呢?人爬上高树会恐惧,但猿猴呢?"这揭示了一个深刻的道理——不同的生命有不同的生存逻辑,若强行用自身经验去定义他者的"对错",只会陷入偏见。

现实生活里,这样的误判比比皆是:西方人直呼其名以示亲切,在东亚文化中却可能被视作冒犯;人类建造动物园自以为是在"保护动物",却忽略了老虎需要的是荒野而非铁笼;应试教育用分数衡量一切,却扼杀了艺术或体育天赋的闪光。就像《死亡诗社》里的父亲强逼儿子学医,最终酿成悲剧——他从未真正理解儿子对诗歌的热爱。

世界是多元的,真正的智慧在于观察、理解差异,而非急于贴上"合理"或"荒谬"的标签。保持敬畏,才能看见泥鳅眼中的泥潭、猿猴心中的树梢,以及他人世界里我们未曾体验的风景。

注释

① 南郭子綦隐机而坐，仰天而嘘，荅（tà）焉似丧其耦。颜成子游立侍乎前，曰："何居乎？形固可使如槁木，而心固可使如死灰乎？今之隐机者，非昔之隐机者也。"子綦曰："偃，不亦善乎，而问之也！今者吾丧我，汝知之乎？女闻人籁而未闻地籁，女闻地籁而未闻天籁夫！"子游曰："敢问其方。"子綦曰："夫大块噫气，其名为风。是唯无作，作则万窍怒呺（háo）。而独不闻之翏（liù）翏乎？山林之畏佳，大木百围之窍穴，似鼻，似口，似耳，似枅（jī），似圈，似臼，似洼者，似污者；激者，謞（xiào）者，叱者，吸者，叫者，譹（háo）者，宎（yǎo）者，咬者。前者唱于，而随者唱喁（yú）。泠风则小和，飘风则大和，厉风济则众窍为虚。而独不见之调调、之刁刁乎？"子游曰："地籁则众窍是已，人籁则比竹是已。敢问天籁。"子綦曰："夫吹万不同，而使其自己也，咸其自取，怒者其谁邪！"（《庄子·齐物论》）

② 小恐惴惴，大恐缦缦。其发若机栝（guā），其司是非之谓也；其留如诅盟，其守胜之谓也；其杀如秋冬，以言其日消也。（《庄子·齐物论》）

③ 非彼无我，非我无所取。是亦近矣，而不知其所为使……与物相刃相靡，其行尽如驰，而莫之能止，不亦悲乎！终身役役而不见其成功，苶（nié）然疲役而不知其所归，可不哀邪！人谓之不死，奚益？其形化，其心与之然，可不谓大哀乎？人之生也，固若是芒乎！其我独芒，而人亦有不芒者乎！（《庄子·齐物论》）

④ 狙(jū)公赋芧(xù),曰:"朝三而暮四。"众狙皆怒。曰:"然则朝四而暮三。"众狙皆悦。名实未亏,而喜怒为用,亦因是也。是以圣人和之以是非,而休乎天钧,是之谓两行。(《庄子·齐物论》)

⑤ 古之人,其知有所至矣。恶乎至?有以为未始有物者,至矣,尽矣,不可以加矣。其次以为有物矣,而未始有封也。其次以为有封焉,而未始有是非也。是非之彰也,道之所以亏也。道之所以亏,爱之所以成。(《庄子·齐物论》)

⑥ 昭文之鼓琴也,师旷之枝策也,惠子之据梧也,三子之知几乎,皆其盛者也,故载之末年。唯其好之也,以异于彼;其好之也,欲以明之彼。非所明而明之,故以坚白之昧终。而其子又以文之纶终,终身无成。若是而可谓成乎?虽我亦成也。若是而不可谓成乎?物与我无成也。是故滑疑之耀,圣人之所图也。为是不用而寓诸庸,此之谓以明。(《庄子·齐物论》)

⑦ 有始也者,有未始有始也者,有未始有夫未始有始也者。有有也者,有无也者,有未始有无也者,有未始有夫未始有无也者。(《庄子·齐物论》)

⑧ 天下莫大于秋豪之末,而太山为小;莫寿于殇子,而彭祖为夭。天地与我并生,而万物与我为一。(《庄子·齐物论》)

⑨ 是天地之委形也……道不可闻,闻而非也;道不可见,见而非也;道不可言,言而非也。知形形之不形乎!道不当名。(《庄子·知北游》)

⑩ 夫大道不称，大辩不言，大仁不仁，大廉不嗛（qián），大勇不忮（zhì）。道昭而不道，言辩而不及，仁常而不成，廉清而不信，勇忮而不成。（《庄子·齐物论》）

⑪ 故知止其所不知，至矣。孰知不言之辩，不道之道？若有能知，此之谓天府。注焉而不满，酌焉而不竭，而不知其所由来，此之谓葆光。（《庄子·齐物论》）

⑫ 齧（niè）缺问乎王倪曰："子知物之所同是乎？"曰："吾恶乎知之！""子知子之所不知邪？"曰："吾恶乎知之！""然则物无知邪？"曰："吾恶乎知之！虽然，尝试言之。庸讵（jù）知吾所谓知之非不知邪？庸讵知吾所谓不知之非知邪？且吾尝试问乎女：民湿寝则腰疾偏死，鳅（qiū）然乎哉？木处则惴栗恂惧，猿猴然乎哉？三者孰知正处？民食刍豢，麋鹿食荐，蝍蛆（jí jū）甘带，鸱鸦耆鼠，四者孰知正味？猿，猵（biān）狙以为雌，麋与鹿交，鳅与鱼游。毛嫱、丽姬，人之所美也；鱼见之深入，鸟见之高飞，麋鹿见之决骤。四者孰知天下之正色哉？自我观之，仁义之端，是非之涂，樊然殽乱，吾恶能知其辩！"齧缺曰："子不知利害，则至人固不知利害乎？"王倪曰："至人神矣！大泽焚而不能热，河汉冱（hù）而不能寒，疾雷破山、风振海而不能惊。若然者，乘云气，骑日月，而游乎四海之外，死生无变于己，而况利害之端乎！"（《庄子·齐物论》）

⑬ 丽之姬，艾封人之子也。晋国之始得之也，涕泣沾襟；及其至于王所，与王同筐床，食刍豢，而后悔其泣也。（《庄子·齐物论》）

⑭ 予恶乎知夫死者不悔其始之蕲（qí）生乎！梦饮酒者，旦而哭泣；梦哭泣者，旦而田猎。方其梦也，不知其梦也。梦之中又占其梦焉，觉而后知其梦也。且有大觉而后知此其大梦也。而愚者自以为觉，窃窃然知之。君乎，牧乎，固哉！丘也与女，皆梦也；予谓女梦，亦梦也。是其言也，其名为吊诡。万世之后而一遇大圣，知其解者，是旦暮遇之也。（《庄子·齐物论》）

⑮ 既使我与若辩矣，若胜我，我不若胜，若果是也，我果非也邪？我胜若，若不吾胜，我果是也，而果非也邪？其或是也，其或非也邪？其俱是也，其俱非也邪？我与若不能相知也，则人固受其黮（dàn）暗。吾谁使正之？使同乎若者正之，既与若同矣，恶能正之……忘年忘义，振于无竟，故寓诸无竟。（《庄子·齐物论》）

| 第七讲 |

庄子的朋友圈

我们前面介绍了庄子是个什么样的人，然后读了壮美奇幻的《逍遥游》，又啃下了无比烧脑的《齐物论》，是不是就算是初步了解了庄子这个人和《庄子》这本书呢？

其实，读完《逍遥游》和《齐物论》，只能说我们大概了解了庄子的主要思想，但如果没读过《庄子》其他篇目中那些有趣的故事，不认识故事中那些非常有个性的人物，还是不能说你了解庄子是谁，以及他喜欢谁、讨厌谁。

不如让我们一起来翻翻庄子的朋友圈吧，看看他的生活中都出现过什么人。

不翻则已，一翻就发现《庄子》中的人物太多了！内篇、外篇和杂篇中层出不穷，而且想到哪儿写到哪儿，显然是没有整理过。

来，我们帮个忙，一起来整理一下！

庄子的朋友，大概可以分为下面这四类：神人，名人，凡人，还有一类不是人，但读起来又挺像人的，我们暂且把它叫"拟人"吧。

神人

在《逍遥游》中，我们已经认识了自命不凡的宋荣子，御风而行的列子，还有"游乎四海之外"的藐姑射神人。

在杂篇《天下》中，庄子还提到"不离于宗，谓之天人。不离于精，谓之神人。不离于真，谓之至人。以天为宗，以德为本，以道为门，兆于变化，谓之圣人"。

庄子将"神人"也进行了层次上的划分，他在杂篇《天下》中按照层次的高低依次描述了四类人：能顺应自然、遵循天地运行规律的人叫"天人"；能掌握生命精微奥妙的人叫"神人"；能保持真实、不被迷惑的人叫"至人"；最后是"圣人"，他以自然为根本，以德行修养为基础，以道为途径，通晓万物的变化，从中看到人生的方向和智慧。

嗯，这些神人我们都已经"瞻仰"过了。庄子朋友圈里的神人也不太多，我们就不再详谈了。

名人

庄子故事书里的名人还是挺多的，比方说孔子，孔子的弟子颜回，庄子的前辈老子，还有庄子自己的朋友惠施……还真不少。还比如一些帝王，像伏羲、神农氏、祝融氏等。那这些人都算是庄子的良师益友吗？

别人就都不谈了，我们来看看孔子吧！

孔子在《庄子》中出现的频率非常高，据统计，在内篇中出现十次，外篇中出现二十三次，杂篇中出现十三次。这说明了什么？说明孔子对战国文化圈的影响非同一般啊！

那庄子也受到孔子的影响了吗？孔子在《庄子》中是什么形象呢？

不看则已，看了才知道——不管是孔子本人还是儒家思想，在《庄子》里几乎都不是正面形象！

不过想一想也可以理解。战国时期百家争鸣，这"争鸣"中一定少不了争论和批评。

何况道家思想和儒家思想本来在很多方面都是对

立的,那么《庄子》中有很多贬低、驳斥儒家学说的篇章,也就不奇怪了。

在《庄子》中,孔子其实就是一个人形的"儒"字,被庄子和弟子当成靶子,打得千疮百孔,进行了彻底的否定。儒家的"仁"啊,"礼"啊,"名"啊,对庄子来说都是十分可笑的。所以,庄子对自己的作品《庄子》中孔子这个人物的态度比较复杂——除了批评,还带着那么一点同情。这种同情,有点像旁观者对当局者的同情,更多的则是一种"恨铁不成钢"的思想上的超越。

最能代表庄子这种感觉的,是杂篇《盗跖》这篇文章。

跖是孔子的朋友柳下季的弟弟,江湖上有名的大盗。他"从卒九千人,横行天下,侵暴诸侯……万民苦之"。作为当代大圣人,孔子很希望教育、劝说盗跖改邪归正,于是就上门去说教,没想到却被盗跖当面撑得颜面尽失。

盗跖很不客气,直接骂孔子虚伪,说孔子是"鲁国之巧伪人",说儒家学说是胡说八道,"汤、武以来,皆乱人之徒也"。在盗跖看来,虚伪的孔子以所谓的诗书礼仪迷惑天下,这才是真正的强盗行径——"盗莫大于子。天下何故不谓子为盗丘,而乃谓我为盗跖?"

大家都知道,孔子当初率弟子周游列国,游说君主们接受儒家学说,常常不被重视,甚至遭到驱赶,"累累若丧家之狗"。但盗跖对于孔子的遭遇不但没有丝毫同情,反而认为是孔子的学说站不住脚。

他说:"子自谓才士圣人邪?则再逐于鲁,削迹于卫,穷于齐,围于陈、蔡,不容身于天下。子教子路菹(zū)此患,上无以为身,下无以为人,子之道岂足

贵邪？"到哪儿都被驱赶，天下之大都没有你的容身之地，你还好意思自称圣人？

太厉害了！不但侮辱了孔子的学说，还侮辱了孔子的为人。孔子最后只能狼狈地逃了出来，"再拜趋走，出门上车，执辔三失，目芒然无见，色若死灰，据轼低头，不能出气"。好汉不吃眼前亏，孔子低声下气，才从"虎口"中捡了一条命回来。

庄子在这则故事中让两位时代不同、观念也迥然有别的大名人在虚拟时空中进行了一场类似"关公战秦琼"的思想"碰撞"：一位是大儒，是名留青史的大名人；一位是大盗，仅少数史料偶有提及，按常理只能算是个凡人，但在庄子的故事中，大盗反而比大儒更威风，气场更足，庄子的立场不言自明啊！

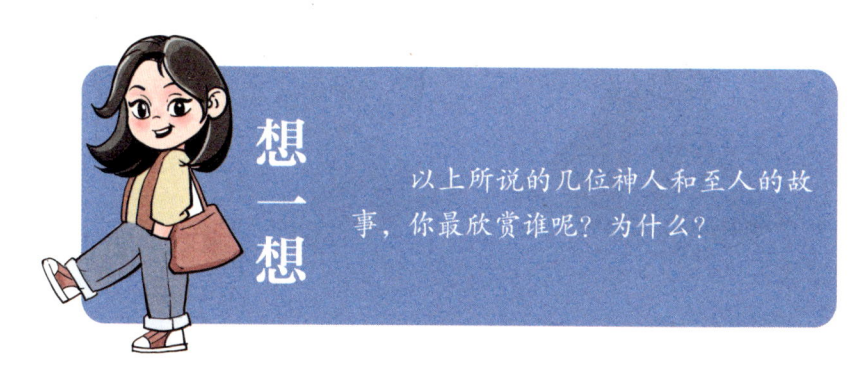

想一想 以上所说的几位神人和至人的故事，你最欣赏谁呢？为什么？

凡人

刚才谈到的盗跖,是凡人中的一位,很有性格吧?《庄子》中还有三位更是特殊,一定要跟大家介绍一下。

这两位都是"兀者",就是遭受刖刑的人。刖刑是古代的一种刑罚,根据罪行的轻重,砍掉人犯的脚或脚趾。

第一位叫王骀（tái）。他是鲁国人，被砍了一只脚，可是在他门下学习的学生却与孔子的弟子人数差不多。他"立不教，坐不议。虚而往，实而归"，意思是说，他站着的时候不教大家知识，坐着的时候也不组织弟子们讨论；弟子们来的时候什么都不知道，但就这么待了一天后却感觉很充实，好像学到了很多东西一样。

孔子的弟子觉得非常不理解，就去问孔子。孔子说："那是因为王骀这个人格局大、境界高。你看，他虽然身体是残疾的，但完全不受身体残缺的影响。那被砍掉的一只脚，对他来说就像是一块石头、一块泥土一般，丝毫不能影响他。为什么他能够达到这么高的境界呢？是因为他把天地万物视为一体，天地万物在他眼中都没有什么差别，他自然也完全感觉不到自己身体的缺陷。他已经得到了大道啊！这种人我都想去拜他为师，有这么多人要跟他学习，还有什么奇怪的吗？"[①]

那么王骀也是位名人吗？并不是。其实他只是庄子虚构出来的人物。"骀"的意思是愚笨，庄子给这么一位高人取这么个名字，也是有点淘气了。

《庄子·德充符》中还有一位"兀者"，也被砍了脚。不同的是，他只被砍去了脚趾，还能用脚跟走路。这位高人的名字更是直接，就叫叔山无趾。

叔山无趾跟孔子是同乡，崇尚孔子的学识，所以去拜见孔子。孔子看到他就批评说："你不是个谨慎的人啊！你看，犯了过错变成这个样子，现在来见我不是已经晚了吗？"

叔山无趾回答说："是的，我是犯了错，所以没了脚趾。我虽然外形残缺，但还是希望得到道德的提升和心灵的成长啊！这难道不比脚趾重要吗？我来拜见先生，是听说您像天地一样，心胸宽广，可以容纳万物，没想到您却说出这样的话！"

孔子赶忙道歉，但来不及了，叔山无趾失望地离开了。[②]在他的眼里，孔子的价值观跟其他庸人一样，看人只看外形而不看内心，喜欢的也只是虚妄的名声和完美的人设。

第三位叫申徒嘉。申徒嘉也是一个被砍去一只脚的人，他和郑国的子产一同拜伯昏无人为师。子产凭仗自己执政国相的身份而看不起同学申徒嘉，说不愿和他同室同席坐在一起，希望大家求学时互相避开。过了几天，申徒嘉照旧坐在原来的座位上，子产忍不住去质问他："就凭你还想和我平起平坐吗？你已经身残足断，难道不该自我反省吗？"岂知申徒嘉多年拜师求道，早已领悟了道的精髓，他反问子产："先生的弟子中，难道还有你这样自恃官位的人吗？遭受残形之刑的人很多，能够不去申辩、安然处之的人却很少。跟随先生求取大道十几年，善道洗涤了我心中的纠结困惑，使我不再觉得自己是残形之人。现在我们以德相交，你却用形貌要求我，岂不是错误吗？"子产惭愧不安，改变了容色。③

我们来分析一下。上面这几位身体有残疾的朋友，其实在不同的侧面突出了儒家和道家根本上的不同。在庄子看来，儒家的圣人容易被虚名诱惑，所以容易受外物的干扰；而道家的圣人别说功名利禄了，连自己的身体都可以置之度外。他们关心的，是内在道德的提升和心灵的成长。所以，连孔子这样的大圣人，都会用差别心来看待、评判他人，这一点是庄子所不齿的，于是就编出了这些"朋友"来影射孔子的"问题"。

除了这些身残德高的朋友，庄子还有一些在世人眼中长相丑陋的朋友。

在《庄子·人间世》中，有个叫支离疏的人，长得可谓支离破碎。其实支离疏只是他的绰号。他长什么样子呢？庄子说：

他面孔藏在肚脐下；双肩高耸，比头顶还高；头顶的发髻指向天空，五官也都朝天。肋骨和大腿长在一起，也就是说，胳肢窝下直接是大腿。④

可就是这样一个在世人眼中奇形怪状的人，靠替人缝衣浆洗，足以让全家人糊口；又替人筛糠播种，足以养活十人。官府征兵的时候，他踊跃报名，但因为身有残疾而被免除了兵役和劳役；国家向残疾人发抚恤金，他还能领上三袋粮食、十捆柴草。

于是庄子感叹道：像支离疏这样形体残缺不全的人，还可以养活自己和家人，最终得享天年，那么德行看似不完备的人，不是更有可能避免灾祸吗？⑤

这个朋友的出现其实是为了阐明庄子的处世哲学。支离疏靠着身体残疾免除了兵役，还能领到救济，形体的残缺使他得以保全自己，远离祸害。既然身体的"无用"最终成为"有用"，同理，不拘泥于德行完备的人，不也会因为德行"无用"而成就某种"大用"吗？

第七讲 | 庄子的朋友圈

在《德充符》中，也有一位这样的朋友。这位朋友的名字更奇怪，叫哀骀它。

这个人相貌丑陋，没有权势、利禄，也没有口才和学识，但神奇的是，每个与他相处过的人都不愿意离开他，见过他的女人都争着要做他的妻子。鲁哀公听说后十分好奇，就把他找来，想看看他到底有什么本事。结果怎么样呢？一个月之后，鲁哀公不但对他的人品深信不疑，甚至还愿意把国家交给他来治理。哀骀它却拒绝并且离开了。鲁哀公很不解，于是就来问孔子：这个人到底靠什么吸引了这么多的人？

孔子就给鲁哀公讲了个故事。他说，他去楚国的时候，路上看见一群小猪趴在刚死去的母猪身上吃奶，但没过一会儿，它们就突然惊慌失措地跑开了。为什么呢？因为小猪觉得母猪不再是自己的同类了。也就是说，小猪爱母亲，爱的不是母亲的形体，而是爱它内在的母性。母亲死了，母性也就不存在了。同理，战死的军人，陪葬品不会是武器上的装饰品；被砍断脚的人，也绝不会爱惜自己的鞋子。

孔子最后总结说，哀骀它之所以能有非同常人的魅

> 小猪追逐的是母爱，而不是母亲外在的形体。世人却不懂这个道理。

> 失去了内在，这具躯体又与泥土何异？

力，不是因为才华、长相这些外在的东西，而是他内心的力量。⑥

  我们读到最后也没读到哀骀它内心的力量是什么。不过，在庄子眼中，他的德行是在无形中散发出来的，达到了"无为而无不为"的境界，这才是最高的修行啊！相比之下，世人追求外形的完整，或是力求保持自己的本性，努力的痕迹就太明显了。道家的"德"，是顺其自然，是不刻意为之，是与天下万物融为一体，达到忘我、无我的境界。

  看，庄子的朋友圈是不是很有趣？

"拟人"

我们最后再介绍一个更有趣的朋友,他叫浑沌。

在内篇《应帝王》中,庄子给我们讲了这样一个故事。这个故事充满了玄机,所以我们要先读一下原文:

> 南海之帝为儵(shū),北海之帝为忽,中央之帝为浑沌。儵与忽时相与遇于浑沌之地,浑沌待之甚善。儵与忽谋报浑沌之德,曰:"人皆有七窍以视听食息,此独无有,尝试凿之。"日凿一窍,七日而浑沌死。

原来浑沌是"中央之帝",是个好人,对南海之帝"儵"和北海之帝"忽"十分友善。凡人都有眼耳口鼻,称为七窍,但浑沌没有。为了报答浑沌,让他可以听见、看见,可以吃喝,可以呼吸,儵和忽就花了足足七天的时间,帮他一点点凿开了七窍。结果七天以后,浑沌死了。

这些名字也很有意思吧？浑沌，儵忽，听起来很熟悉啊，就是我们常说的"混沌"和"倏忽"吗？而且"混沌"不是不清楚的意思吗？"倏忽"不是时间极短的意思吗？

是的。"浑沌"与"混沌"、"儵忽"与"倏忽"之间是古汉语常用的通假字，字形有别，但词义相通。现在你应该已经意识到了，这三位朋友的名字都充满玄机。

南海在南方，代表光明的一方，"儵"就代表"有"；北海在北方，幽深宁静，"忽"就代表"无"。中央不南也不北，"浑沌"就代表"非有非无"。

看到这里，有同学可能要问了：这个"浑沌"，非有非无，浑然一体，难道就是老子说的"道"吗？

恭喜你，答对了！"道"是看不见、摸不着的，而浑沌就是"道"的"体"。它身躯庞大，且浑然一体，不可分割。凿开七窍后死亡，意思是说，大道本来是浑然一体、无所分别的，儵和忽这么一凿，就破坏了大道的"一体"，于是大道就随着浑沌的死亡而消失了。

浑沌表面上看起来非人非物，但可以说是庄子朋友圈中最重要的一位了。

我们知道，庄子一向主张无为而治，就是一切顺其自然，不要外界的任何干涉，这样事物才能保持自然的状态。但如果这个自然的状态被破坏了，想再持续下去就很困难了。

庄子的本意是借助浑沌的不幸遭遇来表明自己"清静无为""顺物自然"的政治理想，但我们现代人却可以从中受到不少启发，学到一些与人打交道的学问。

我们来看，儵与忽的出发点是报恩，他们觉得没有七窍的浑沌很可怜，想让浑沌也拥有他们觉得好的东西，结果反而害死了浑沌。

这难道不是我们常犯的错误吗？自以为是，从自己的角度去决定别人的需要。冬天，老人看到孩子穿得少，一定会督促他们多穿点，是因为自己冷，所以觉得别人也一定冷；父母不让孩子做冲浪、滑雪这类"危险"的运动，是因为他们自己从来没尝试过，所以觉得危险。他们的出发点都是好的，但好的出发点或善意只是帮助别人的第一步，如果不能设身处地从对方的实际情况着想，就会像儵、忽这两位朋友一样，好心办坏事，悔之莫及。

更何况，有了人人都有的"七窍"，人生就会变得更幸福吗？

庄子的精神导师老子是这么说的："五色令人目盲，五音令人耳聋。"——令人眼花缭乱的事物，会使我们的眼睛丧失辨别事物本原的能力。看颜色、听声音、尝味道，这些都是人的感觉器官自身具有的本性。没有接受外物刺激的时候，我们的感知能力是最

第七讲 | 庄子的朋友圈

完满的；等到眼睛看到五色、耳朵听到五音、感官被外物吸引而忘记本性时，我们能看却看不到，能听却听不清了。

庄子的朋友圈太大，一个个认识下来，可能永远也认识不完，我们暂且翻看到这里吧。但认真想一想，其实庄子在真实的世界里可能根本没几个朋友，不是吗？不管是支离疏还是叔山无趾，都是他想象出来的朋友。而孔子这位大圣人，对庄子来说，也只是一本反面教材。也许，庄子的朋友只有惠子了。

想一想

1. 从庄子的朋友圈里挑出三个你喜欢的，然后再从中挑出一个最喜欢的。想想你为什么会这样选。

2. 孔子在《庄子》中出现过很多次。作为一个重要人物，他在《庄子》中的作用是什么？

3. 谁是庄子最好的朋友？读完《庄子》后，你有答案了吗？

有趣的小知识

孔子也会看走眼

在鲁哀公的故事里,孔子强调内心的力量才是人真正的魅力所在,但在司马迁的笔下,他也犯过以貌取人的错误。《史记·仲尼弟子列传》记载,孔子有很多学生,其中有个叫宰予的,能言善辩,起初颇得孔子赏识,但宰予总是精气神不足,经常白天睡觉。孔子生气地说他"朽木不可雕也"。

孔子还有一个学生叫澹台灭明,字子羽,比孔子小三十九岁。子羽长得不好看,孔子一开始觉得他笨,不会有什么出息。但子羽很努力,做事正直,从不巴结有权势的人。后来他去南方游历,竟然有三百多个学生跟着他,他的名声传遍各国。孔子知道后,后悔地说:"吾以言取人,失之宰予;以貌取人,失之子羽。"

注释

① 鲁有兀者王骀,从之游者与仲尼相若。常季问于仲尼曰:"王骀,兀者也,从之游者与夫子中分鲁。立不教,坐不议,虚而往,实而归。固有不言之教,无形而心成者邪?是何人也?"仲尼曰:"夫子,圣人也。丘也直后而未往耳。丘将以为师,而况不如丘者乎!奚假鲁国,丘将引天下而与从之。"(《庄子·德充符》)

② 鲁有兀者叔山无趾,踵见仲尼。仲尼曰:"子不谨,前既犯患若是矣。虽今来,何及矣!"无趾曰:"吾唯不知务而轻用吾身,吾是以亡足。今吾来也,犹有尊足者存,吾是以务全之也。夫天无不覆,地无不载,吾以夫子为天地,安知夫子之犹若是也!"孔子曰:"丘则陋矣。夫子胡不入乎?请讲以所闻!"无趾出。(《庄子·德充符》)

③ 申徒嘉,兀者也,而与郑子产同师于伯昏无人。子产谓申徒嘉曰:"我先出则子止,子先出则我止。"其明日,又与合堂同席而坐。子产谓申徒嘉曰:"我先出则子止,子先出则我止。今我将出,子可以止乎,其未邪?且子见执政而不违,子齐执政乎?"申徒嘉曰:"先生之门,固有执政焉如此哉?子而说子之执政而后人者也。闻之曰:'鉴明则尘垢不止,止则不明也。久与贤人处则无过。'今子之所取大者,先生也,而犹出言若是,不亦过乎!"子产曰:"子既若是矣,犹与尧争善。计子之德不足以自反邪?"申徒嘉曰:"自状其过,以不当亡者众;不状其过,以不当存者寡。知不可奈何而安之若命,唯有德者能之。游于羿之彀

中。中央者，中地也；然而不中者，命也。人以其全足笑吾不全足者多矣，我怫然而怒，而适先生之所，则废然而反。不知先生之洗我以善邪？吾与夫子游十九年矣，而未尝知吾兀者也。今子与我游于形骸之内，而子索我于形骸之外，不亦过乎！"子产蹴然改容更貌曰："子无乃称！"（《庄子·德充符》）

④ 支离疏者，颐隐于脐，肩高于顶，会撮指天，五管在上，两髀（bì）为胁。（《庄子·人间世》）

⑤ 夫支离其形者，犹足以养其身，终其天年，又况支离其德者乎！（《庄子·人间世》）

⑥ 鲁哀公问于仲尼曰："卫有恶人焉，曰哀骀它。丈夫与之处者，思而不能去也；妇人见之，请于父母曰'与为人妻，宁为夫子妾'者，十数而未止也……寡人召而观之，果以恶骇天下。与寡人处，不至以月数，而寡人有意乎其为人也；不至乎期年，而寡人信之。国无宰，寡人传国焉。闷然而后应，氾而若辞。寡人丑乎，卒授之国。无几何也，去寡人而行，寡人恤焉若有亡也，若无与乐是国也。是何人者也？"仲尼曰："丘也尝使于楚矣，适见独（tún）子食于其死母者，少焉眴（shùn）若，皆弃之而走。不见己焉尔，不得类焉尔。所爱其母者，非爱其形也，爱使其形者也。战而死者，其人之葬也，不以翣（shà）资；刖者之屦（jù），无为爱之，皆无其本矣……今哀骀它，未言而信，无功而亲，使人授己国，唯恐其不受也，是必才全而德不形者也。"
（《庄子·德充符》）

| 第八讲 |

道家学派和影响

道家学派传人

前面我们介绍了老子和庄子的哲学思想，也分享了许多有趣的故事。其实，先秦道家还有许多有趣的人物，接下来就让我们逐一介绍吧。

| 列子 |

还记得《庄子·齐物论》里那个御风而行的人物吗？没错，他就是我们要介绍的列子。

列子又名列御寇，是道家的重要代表人物，他擅长用有趣的故事来说明人生的大道理。在他的代表作《列子》中，有三个特别值得同学们思考的哲学观念：对宇宙和生死的看法、对心灵自由与命运的理解，以及顺应自然的生活方式。

列子的思想基础是"生化"观念，他在《天瑞》篇里提出：

> 有生不生，有化不化。不生者能生生，不化者能化化……故常生常化。

就是说，宇宙万物乃一气所化。这是一个很特别的看法，简单来说就是，看起来世界万物在不停地生长变化，但其实背后有一个永恒不变的"源头"，那就是"气"。列子认为，这个"气"是不生不灭的，它能生出万物，万物由气而生化，最后又要复归于气。举个例子，就像水和水蒸气。水可以变成水蒸气，水蒸气也可以再变回水。万物也一样，都是气的不同形态。

用这个观点来看人之生死也是如此，只是形与气之间一往一返的转化。

> 死生自命也，贫富自时也……知命安时也。（《列子·力命》）

既然生死是自然的循环过程，人的生死富贵都有命运安排，那么就不必害怕死亡，也不用过度追求金钱和名声。可见，列子的生死观与庄子在其妻死时鼓盆而歌的超旷有相通之处。

　　列子作为道家学派的重要代表人物，和老子、庄子一样，强调"顺应自然"。《庄子·逍遥游》中这样描述列子：能够御风而行，在天空中自由飞翔。

　　这正是他追求自由境界的生动写照。想象一下，列子不是用蛮力对抗狂风，而是像一片羽毛般随风起舞，就像冲浪者要顺应海浪的起伏。认识到"不生不化"的永恒背景，我们就能以更超然的态度对待生活中的得失荣辱。

　　顺应天命不是无奈之下的被迫服从，而是通过顺其自然来获得心灵的自由。列子强调真正的幸福来自内心的自由，而不是外在的成功。他主张人要顺其自然，不强求，不压抑。他说：生命就像流水，让它自由流动就好，不要堵住，也不要压抑。① 既然人生只是气的短暂停留，我们就要珍惜活着的每一天，享受当下。

　　他还说：趁活着的时候开心点，别太担心死后会怎样。② 他还认为，财富、权力、地位这些外在的东西，反而常常是"心灵的枷锁"。他说：

> 不逆命，何羡寿？不矜贵，何羡名？不要势，何羡位？不贪富，何羡货？此之谓顺民也。（《列子·杨朱》）

如果不想逆天改命，何必羡慕长寿？不想炫耀身份，何必追求虚名？不会迷恋权力，何必争夺地位？不愿贪图钱财，何必嫉妒富贵？这样的人，才是真正活得自在的聪明人！列子主张我们应该保持"顺命而安"的生活态度，不必强求世俗的成功，心安理得才是真正的幸福。相反，万事万物都有自己的规律，强求或违背自然，只会让人陷入痛苦。

> 夫善治外者，物未必治，而身交苦；善治内者，物未必乱，而性交逸。（《列子·杨朱》）

意思是，善于治理外物，事物未必就能得到妥善的治理，反而搞得自己身心俱疲。善于治理内心的人，事物不一定治理不好，还会身心愉悦。列子重视的是"内心的修养"和"自然的和谐"。顺应自然，就是尊重生命的节奏，顺势而为，不要强求改变别人或世界，而应改变自己，调整心态。这种态度，会让人更自在，也更幸福。

列子虽然是几千年前的人，但他的思想依然非常有启发性。他告诉我们：宇宙的奥秘很深，万物其实是一种"气"的流动，人的生命只是短暂的形态变化，不用恐惧死亡。只有顺应自然、放下执念，才能获得真正的

心灵自由，做一个不执着、无偏见、顺命而安、自在生活的人。

> **想一想**
> 你认同列子所主张的命定论吗？应该如何辩证地看待呢？

| 文子 |

除了广为人知的《道德经》和《庄子》，道家经典中还有一本被低估的隐藏"宝藏"——《文子》。《文子》被认为是由文子所著，据汉代班固在《汉书·艺文志·诸子略》中所记，文子是老子的弟子，与孔子同时。也有传说文子曾为范蠡之师，则未必可信。

《文子·道德》中称，文子"得道于老聃"，哲学上继承老子有关道的论述，各篇章段首都标明"老子曰"，篇题也多有取自《道德经》者，如《上德》《下德》《上仁》《上义》等袭用《道德经》第三十八章语。全书实际是继承了老子的"道法自然"思想，并加以发展。

文子认为作为宇宙本原的道就是气，气分化交感而形成天地万物及人类自身，"阴阳陶冶万物，皆乘一气而生"（《文子·下德》）。文子还继承了道家对"道"与"德"二者关系的探讨，认为"道"是宇宙的根本法则，而"德"则是人类应当遵循的行为规范。通过修身养性，人能够与"道"合一，从而达到理想的生活状态。文子认为，人的行为如果能够顺应"道"，就能达到"德"的境界，进而实现自我和社会的和谐。在强调顺应自然、无为而治、修身养性等思想方面，《文子》的核心思想与其他道家经典基本一致。

文子也是道家养生学的倡导者之一。他认为：

> 虚无恬愉者，万物之祖也。（《文子·道原》）

一个人要想拥有健康的身体和清澈的心灵，必须保持"虚静"的状态，避免过度的欲望和过激的情绪。通过休养生息、顺应自然法则，个体能够保持长久的健康与活力。文子提倡的养生思想强调与自然界的和谐互动，呼吸、饮食等都应当遵循自然的节奏和规律。通过"虚静"的心态，达到与自然合一的境界，回归自然，人类才能获得真正的自由与平静。

杨朱

杨朱，即阳子居、阳朱，又称杨子、阳子、阳生。姓阳名朱，字子居，后来通作"杨朱"，春秋晚期道家学者,《庄子》言其为老子弟子,战国杨朱学派开山之祖。

在孟子时代,杨朱学派的影响很大。孟子曾力主"距杨墨",指出:"杨朱、墨翟之言盈天下。天下之言不归杨则归墨。"(《孟子·滕文公下》)

杨朱能够广为人知,并不是因为他的思想、才学或者功绩。相反,在常人的观念里,他是自私自利的典型人物。《列子·杨朱》记载了一则有名的故事。

杨朱讲了两个人的故事。第一个人叫伯成子高,他宁愿种田过平静的生活,也不愿意当国王。哪怕只是拔一根头发来帮别人,他都不愿意做。另一个人是大禹,他为了帮助大家治理洪水,非常辛苦,从来不为自己着想,最后累得半身不遂,身体出了问题。杨朱从这两个例子中得出一个想法:如果每个人都不勉强自己,不去拔一根毫毛(就是不牺牲一点点自己),整个社会反而会更安定。也就是说,他觉得人应该先顾好自己,不要强求做"为了天下"的事。

后来,有个叫禽滑(gǔ)釐(lí或xī)的人问杨朱:"如果你拔一根头发,就能救全世界,你愿意吗？"杨朱回答说："世界上的事情是没办法靠一根头发就能改变的。"

禽滑釐又问："如果真的能改变呢？"但杨朱不再回答。

后来，禽滑釐把这件事告诉了孟孙阳。孟孙阳对禽滑釐说："你好像没理解杨朱的真正用意。让我来跟你说说吧。"他接着问："如果有人想划破你的手臂，但会给你很多很多黄金，你愿意吗？"禽滑釐说："愿意。"孟孙阳又问："那如果有人要砍掉你一只手，但会给你整个国家，你愿意吗？"这一次，禽滑釐沉默了，好久没有回答。[③]

孟子认为杨朱把是否利于个人身心利益的保全作为选择行为、判断是非的价值尺度，缺乏对社会责任的关注，这是极端自私的表现，应有所摒弃。故而有了孟子的批评："杨子取为我，拔一毛而利天下不为也。"（《孟子·尽心上》）不过也有人赞同杨朱，认为应当保障个人的基本权利，而不是让人民为了所谓"大局"去牺牲个体的利益。

> **想一想**
>
> 你是否赞同杨朱不肯"拔一毛而利天下"的行为？你认为这是生命至上论还是过度的利己主义？

道家与养生的联系

《庄子·养生主》中说：

> 为善无近名，为恶无近刑。缘督以为经，可以保身，可以全生，可以养亲，可以尽年。

是的，道家对养生的影响深远而广泛，其养生思想和实践至今仍对中国的健康文化和世界范围的养生理念产生着重要影响。

道家养生不仅仅是讲究身体健康的保持，更强调身心的和谐与自然的平衡。道家思想的核心养生思想是

"道法自然"和"天人合一",因为宇宙中的一切变化都遵循一定的法则,人需要顺应自然法则,调和阴阳、养护生命,以实现身心健康与长寿。

顺应自然方面,道家养生强调人与自然的和谐相处,提倡顺应季节变化、日夜循环以及自然界的阴阳变化来调整个人的生活作息、饮食习惯、情绪管理等。例如,春夏季节宜养阳,秋冬季节宜养阴,这种季节性养生的思想,后来成为中医养生和中医药理论的重要内容。

阴阳调和方面,道家认为阴阳是构成宇宙和生命的基本元素。养生的关键是调和阴阳,保持身体内外的平衡。过度劳累、情绪的极端波动、生活不规律等,都可能打破这种平衡,从而影响健康。通过调整饮食、休息、运动等方式来维持阴阳的和谐,是道家养生的基本原则。

在养生实践方面,道家注重顺应自然,以调养"精、气、神"为核心,追求身心健康与延年益寿。其中,气功是道家养生的重要手段之一。它通过调节呼吸、姿势和意念,疏通气血,增强免疫力,达到修身养性、强身健体的效果。打坐冥想和内丹术是气功

的基础，可清除杂念、安定心神，逐步提升生命能量。内丹术特别强调调和"精、气、神"，通过内修实现身心的整体平衡。此外，道家还发展出如八段锦、太极拳等柔和连贯的锻炼法，帮助调气活血、增强体质。太极拳不仅是武术，更是一种以缓慢动作修身养气的养生方法。

　　道家养生实践也格外注重饮食调节，特别强调"节制"与"自然"，主张清淡、简朴、少加工，重视食物的滋补与调养功能。药膳融合中草药与日常食材，根据季节和体质调理脏腑、养阴补气，体现了"食补"的理念。《黄帝内经》中的养生理论，至今仍是中医食疗的重要基础。

整体而言,道家认为健康与"精、气、神"密切相关,养生理念追求通过内外兼修、调气养神,延缓衰老,保持健康,最终实现"长生久视"的理想。

在顺应天命与调和心态方面,道家强调顺应自然的法则,主张接受命运中的起伏,不能急功近利。道家文化中的"无为"不仅仅是外在行为的"无为",更重要的是内心的"无为",即不为外界事物所扰,保持内心的清净和宁静。这种心态对现代心理学和精神养生的影响尤为深刻。而"少私寡欲"也是老子养生思想的重要观点,他认为嗜欲过多、追逐荣利,都是招灾惹祸、百病丛生的根源,因此明确提出养生应该节欲。

总而言之,道家对养生的影响不仅在于它提出的身体保健的具体方法,还在于它通过"道法自然"的哲学思想,强调身心的和谐与内外的平衡。道家养生既包含对身体的调理,也强调对心灵的养护,最终目的是让人达到身体健康、心理平衡、长寿不老的理想状态。道家养生思想和实践在今天依然具有重要的价值,成为现代养生和健康管理的一部分。

想一想

1. 道家强调"节制饮食"的养生理念。你认为怎样才是健康的饮食习惯？你平时的饮食习惯健康吗？为什么？

2. 如果请你为学校设计一场"道家智慧与学生养生"主题活动，你会安排哪些环节？

道家对中国历史的影响

在中国古代的历史长河中，思想史以儒家经学为主流，道家思想也并行而存，对统治政策和教化民生产生了潜移默化的作用。道家的政治思想，尤其是"无为而治""道法自然"和"以柔克刚"的理念，对中国历史中的许多政治理论和实际治国方略产生了影响。"无为而治"强调统治者应顺应自然、避免过度干预，以简政放权、减轻民众负担为主要治国方针。这种思想最著名的体现是在《道德经》一书中："为无为，则无不治。"

西汉建立之初，经济凋敝、社会残破，统治者以道家的"黄老④无为"思想为治国主导方针，除秦苛政，与民休息，使社会经济从战乱的破坏中逐渐恢复。这些"与民休息"措施反映到理论上，则与道家黄老之学相融合，形成"无为而治"的政治思想。至文帝、景帝在位时，政治清明，社会稳定，经济日趋繁荣，史家誉之为"文景之治"。

追溯其历史脉络，最初陆贾为汉高祖著《新语》，将秦亡原因归结为暴政和过度压榨，指出在用暴力手段夺取天下后，必须改用宽缓的手段治理天下。针对汉初局势，特别强调"道莫大于无为""君子之为治也，块然若无事，寂然若无声，官府若无吏，亭落若无民，间里不讼于巷，老幼不愁于庭，近者无所议，远者无所听，邮驿无夜行之吏，乡间无夜名之征，犬不夜吠，鸟不夜鸣"，大意是去除政府管理的过多干预，恢复宁静。这就是"无为而治"方针的初步总结，其主要内容，即顺民之情，与民休息，尽可能减少国家对社会的干预。当时萧何为丞相，"因民之疾秦法，顺流与之更始"（《史记·萧相国世家》）。而高祖死后，惠帝即位，随后是吕后当权，无为而治的方针基本没有变更。

汉初的无为而治方针不同于法家的严刑峻法，也不同于儒家的繁文缛节，主要是道家思想的体现。黄老之学适应了汉初希望安宁、清静的普遍社会心理。

在经济政策方面，文帝、景帝实行轻徭薄赋政策。文帝在一段时期内免征田租，景帝则将田租由十五税一减至三十税一，并立为定制。在法律方面，文帝、景帝提倡轻刑慎罚。边疆政策也延续了汉初以来的和平方针，与匈奴继续实行和亲，同时针对其骚扰屯兵边境，严加备御，但并不主动出击。

道家思想在中国历史上的影响还体现在道教的形成与发展上。道教是中国土生土长的宗教，其核心思想与道家哲学有着密切的关系。道教继承了道家的"道法自然""无为而治"等基本思想，并将这些理念融入宗教实践中，形成了一套完整的宗教仪式、神仙崇拜、长生不老的理论体系。道教对中国的社会文化、礼仪、节庆以及民间信仰有着深远影响。

魏晋以来，葛洪、寇谦之等人的诠释注解，促使道教哲学思想得到进一步发展。李唐王朝，统治者尊老子为先祖，在政策思想上也推崇道家。道教发展达到全盛，逐渐从哲学思辨演化成了追求求道成仙的"重玄之道"。直至后世，如宋代内丹道、金元全真道等，也已属道教的范畴，而与传统的道家原义不同了。

道教追求长生不老和炼丹术，推动了中国古代化学技术的发展。炼丹术本身是一种探索物质转化的过程，很多炼丹的方法和实验为后来的化学知识积累提供了基础。

总而言之，道家对中国历史的影响是全方位的，涵盖了政治、宗教、文化、社会等多个领域。从古代治国理政的"无为而治"到道教的形成，再到民间信仰、艺术创作、养生学及科学探索，道家思想的影响贯穿整个历史长河。它不仅提供了一种哲学和思想体系，也塑造了中国文化的基本价值观和社会生活方式。

道家对中国文学的影响

道家的美学思想，影响了中国古代文学的思想内容和艺术特征。相比儒家讲究温柔敦厚的风格和规矩法度，道家主张文学从现实生活中超脱出来，在宇宙自然中寻求个体精神的自由，表达领悟自然的欣喜。而形式风格上，道家文学既能表现为冲淡清幽的意境，又能表现为恣意放达的兴味。

在先秦道家经典中，《庄子》以丰富的寓言和奇崛的想象，构成了瑰丽奇绝的艺术境界，有着散文诗般的艺术效果。其语言如行云流水，汪洋恣肆，跌宕跳跃，节奏鲜明，音调和谐，具有诗歌语言的特点。贾谊《鹏鸟赋》中"澹乎若深渊之静，泛乎若不系之舟"就化用自《庄子·列御寇》中"泛若不系之舟，虚而遨游者也"的原句。庄子还是一位很会讲故事的思想家，其作品中充满着各种有趣的寓言故事，而这些也时常被文人们化用。例如《齐物论》结尾处的"庄周梦蝶"，到唐代诗人李商隐那里，便有了"庄生晓梦迷蝴蝶"的诗句。

道家学说的盛行，在魏晋南北朝时期促进了魏晋玄学的发展。其中崇尚自然的思想引发了文人墨客寄情山水、畅游自然的雅趣，也由此诞生了一批谈玄论道的玄言诗。嵇康《赠秀才入军》组诗中，有"俯仰自得，游心太玄。嘉彼钓叟，得鱼忘筌。郢人逝矣，谁与尽言"

之语，其中"太玄"指代玄言清谈的思想，而"得鱼忘筌"和"郢人"等都是《庄子》里的典故，涉及道家的有无之辨、言意之辨等。

陶渊明《桃花源记》描绘了超越世俗的桃源仙境，其诗《归园田居》"久在樊笼里，复得返自然"中有对自然的无限向往，《饮酒》"山气日夕佳，飞鸟相与还。此中有真意，欲辨已忘言"中有远离尘世纷扰的宁静自由。南朝文人谢灵运的山水诗中，时常有对玄理妙悟的哲思理解，诗歌末尾也常常带有玄言的尾巴。例如"始信安期术，得尽养生年""寄言摄生客，试用此道推""万事难并欢，达生幸可托"等，都寄寓了旷达乐生、研精思理的情怀。

少年爱哲学：柔与刚的较量

　　道家思想融入文人的精神特质，便带来了超旷浪漫的艺术风格。诗仙李白少年时受蜀中神仙道教信仰的影响，曾以"谪仙人"自居，他在《梦游天姥吟留别》"我欲因之梦吴越，一夜飞度镜湖月"诗句中流露出飘逸洒脱的气质，而"白玉麈尾谈重玄"即指谈论道家重玄之道。

举杯邀明月……

　　道家提倡"道法自然"，强调人与自然的和谐与统一，这种思想在美学上表现为对自然、简约、空灵、无为的推崇。苏轼的《赤壁赋》中说"盖将自其变者而观之，则天地曾不能以一瞬；自其不变者而观之，则物与我皆无尽也",便是受《庄子·德充符》"自其异者视之,肝胆楚越也;自其同者视之,万物皆一也"启迪而来;他的《超然台记》"余之无所往而不乐者,盖游于物之外也",也应和了道家超然物外的旨趣;而东坡词中常表现的人生如梦的思考,例如《永遇乐》"古今如梦,何曾梦觉"、《念奴娇》"人生如梦,一尊还酹江月"等词句,更与《庄子·齐物论》"方其梦也,不知其梦也。梦之中又占其梦焉,觉而后知其梦也。且有大觉而后知此其大梦也"中表现出的视人生如梦的哲理意蕴难舍难分。

道家"虚静"的文学观也演变为后世文艺美学的重要命题。《庄子·人间世》"若一志,无听之以耳而听之以心,无听之以心而听之以气。听止于耳,心止于符。气也者,虚而待物者也。唯道集虚。虚者,心斋也"与《道德经》第十六章所云"致虚极,守静笃",都说明了心思虚静方能更好地领悟道,这是《文心雕龙》"陶钧文思,贵在虚静"的创作论的重要渊源,也蕴含了空灵旷静的美学特质。

道家思想对中国文学的影响深远而多维,主要体现在审美追求、内容创作与艺术风格等方面。道家美学的核心价值是"道法自然""无为而治"和对自然的崇拜，这种倡导顺应自然、追求精神自由的理念，使文学作品得以超脱现实束缚，形成了清淡、洒脱的风格。《庄子》中的寓言和想象让文学更富表现力，并深刻影响了后代诗文创作。从魏晋开始，道家思想推动了山水诗和玄言诗的发展，诗人们常在自然中寄托超脱世俗的情感。李白、陶渊明、苏轼等人都受到道家影响，他们的作品中充满了对自由、自然和人生的深刻思考。道家的"虚静""无为"理念，为文艺创作提供了重要的美学基础，成为中国古代文学思想体系中不可或缺的重要组成部分。

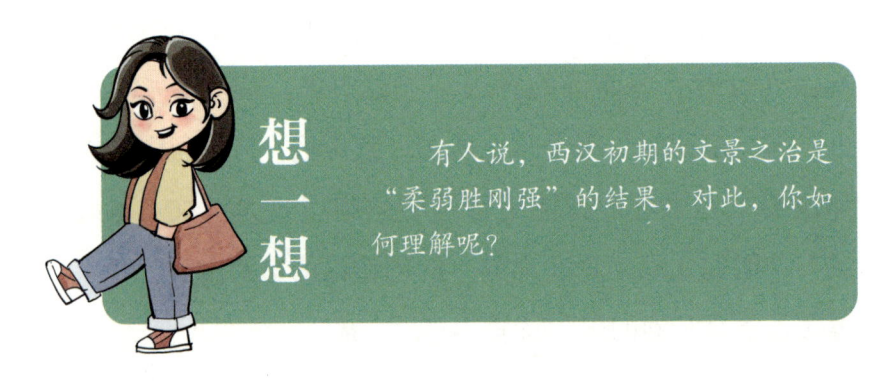

> **想一想**
>
> 有人说，西汉初期的文景之治是"柔弱胜刚强"的结果，对此，你如何理解呢？

注释

① 肆之而已,勿壅勿阏。(《列子·杨朱》)

② 且趣当生,奚遑死后?(《列子·杨朱》)

③ 杨朱曰:"伯成子高不以一毫利物,舍国而隐耕。大禹不以一身自利,一体偏枯。古之人损一毫利天下不与也,悉天下奉一身不取也。人人不损一毫,人人不利天下,天下治矣。"禽子问杨朱曰:"去子体之一毛以济一世,汝为之乎?"杨子曰:"世固非一毛之所济。"禽子曰:"假济,为之乎?"杨子弗应。禽子出语孟孙阳。孟孙阳曰:"子不达夫子之心,吾请言之。有侵若肌肤获万金者,若为之乎?"曰:"为之。"孟孙阳曰:"有断若一节得一国,子为之乎?"禽子默然有间。(《列子·杨朱》)

④ "黄老"指黄帝和老子。因战国道家学者假托黄帝之名撰写了《黄帝四经》等著作,故黄帝在一段时期内也被当作道家代表人物。

结 语

不知不觉,这本书已经进入了尾声。是不是还有些意犹未尽呢?就让我们最后再总结一下吧!

在这本书里,我们介绍了中国文化的两部重要原典——《道德经》和《庄子》,初步踏上了探索道家哲学的奇妙旅程。拨开历史的迷雾,我们先是跟随骑着青牛的老子,了解其生平经历,对这位智慧长者有了较为模糊的印象。进一步地,我们一起品读了妙语迭出的《道德经》,领略了五千言中蕴含的人生智慧、统治哲学和辩证思想,接触了修身治国的智慧。而翻开《庄子》,则更像是走进一个奇幻的故事世界。庄子以丰富又汪洋恣肆的寓言、奇崛的想象,为我们深入浅出地讲解了不少道理。

你是否还记得,在《道德经》的自然意象中,什么是老子的"最爱"?没错,答案便是水,"水善利万物而不争",守住柔弱谦卑的姿态,保持内敛低调的品格,就像林清玄散文中说的——"你心柔软,却有力量"。水能居下,无为不争,是懂得顺应自然之道的智慧,就像山谷溪流缓缓淌过，宁静而从容。

经典的魅力，穿越千年而经久不息。读《道德经》时，我们感受到一位须发花白、内心蕴藏着无穷智慧的老者，书写五千字箴言流传于世，给后人以丰富启迪与睿智思考。老子作为"守藏室之史"，对于朝代兴亡变迁有着细微深入的观察，这使他的人生哲学和政治哲学颇为睿智成熟。他对暴政的批评深刻地影响了庄子的哲学，他无为而治的主张由黄老道家所继承，而他"道法自然"的理念则成了道家各派共同追求的理想。

就现今社会而言，我们每一个个体的生命都仍然能够从"道法自然"这一道家思想的精髓中，汲取有益的人生启示——顺应自然、遵循天道，在安静中积蓄内在的力量，慢慢放下情绪的困扰，获得内心的平静与清明，进入更自在从容、更清醒豁达的人生境界。

老庄原典流传千古，至今仍散发着思想的光辉，愿我们都能沉潜书卷，从中品悟人生。

参考文献

陈鼓应：《老子注译及评介》，中华书局，2015年

方勇：《庄子》，中华书局，2022年

袁行霈：《中国文学史》，高等教育出版社，1999年

张帆：《中国古代简史》，北京大学出版社，2001年